Ismail Kaplan

Das Alevitentum

Eine Glaubens- und Lebensgemeinschaft in Deutschland

D1721866

Zum Gedenken an die Opfer des Sivas-Massakers am 02. Juli 1993

Ismail Kaplan

Das Alevitentum

Eine Glaubens- und Lebensgemeinschaft in Deutschland

Alevitische Gemeinde Deutschland e.V.
AABF – Almanya Alevi Birlikleri Federasyonu

Herausgeber:
Alevitische Gemeinde Deutschland e.V.
AABF – Almanya Alevi Birlikleri Federasyonu
Stolberger Straße 317, 50933 Köln
Tel.: 02 21 / 94 98 56 0 Telefax: 02 21 / 94 98 56 10
E-mail: info@alevi.com
Homepage: www.alevi.com
März 2004

1. Auflage 2004
© 2004, AABF, Köln
Alle Rechte vorbehalten.

Alle Rechte vorbehalten. Ohne ausdrückliche, schriftliche Genehmigung
des Herausgebers ist es nicht gestattet, das Buch oder Teile daraus in
irgendeiner Form durch Fotokopie, Mikrofilm oder ein anderes Verfahren
zu vervielfältigen oder zu verbreiten. Dasselbe gilt für das Recht
der öffentlichen Wiedergabe.

Titelbild: Ismail Çoban
(Zum Anlass des „Epos des Jahrtausends – *Bin Yılın Türküsü*" am 13. Mai 2000)

Buch- und Umschlagsgestaltung: frame in motion, Köln
Druck: Druckhaus Stil, Stuttgart
Printed in Germany
ISBN 3-00-012584-1

Inhalt

Vorwort

Unter den Einwanderern aus der Türkei bilden die Aleviten nach den Sunniten die zweitstärkste Religionsgemeinschaft. Schätzungsweise 600–700.000 Alevitinnen und Aleviten leben in Deutschland.

Durch die jahrhundertlange Verfolgung der Aleviten unter die osmanischer Herrschaft in der Türkei wurde viel Wissen über die alevitische Kultur und den alevitischen Glauben verschüttet. In den letzten 15 Jahren haben die Aleviten durch außergewöhnliche Anstrengungen einen beachtlichen Organisationsgrad erreicht. Allein in Deutschland sind über 100 alevitische Ortsgemeinden aktiv, die das Alevitentum durch ihre Arbeit in die Öffentlichkeit bringen. Das Alevitentum ist heute einen Bestandteil der deutschen Gesellschaft geworden. Die vorliegende Schrift wurde 1997 erstmals veröffentlicht. Sie wurde häufig vervielfältigt und war dennoch schnell vergriffen. Nun wird sie in völlig überarbeiteter und stark erweiterter Form erneut publiziert.

Seit dem ersten Erscheinen hat sich vieles geändert. Alevitische Gemeinden Deutschland sind mittlerweile ein Bestandteil der bundesrepublikanischen Religionslandschaft geworden. Durch die Einführung des alevitischen Religionsunterrichts an den Berliner Schulen erfuhr das Alevitentum seine Anerkennung als eine Glaubensgemeinschaft. Mehr als 35 Alevitische Gemeinden haben eigene Cem/Kulturhäuser erworben.

Die Aleviten in der Bundesrepublik Deutschland fühlen sich dazu aufgerufen, die die deutsche Öffentlichkeit sowie andere Migrantinnen und Migranten in Deutschland über ihren Glauben, ihre Kultur und ihre Anliegen zu informieren.

Diese überarbeitete Auflage bietet den Leserinnen und Lesern Gelegenheit, die Geschichte, den Glauben und die Kultur der anatolischen Aleviten in Deutschland kennen zu lernen. Ich hoffe, dass diese Schrift weiteres Interesse weckt, das Alevitentum zu studieren und hoffe, dass sich diejenigen, die sich für das Alevitentum interessieren, unter den Aleviten gut aufgehoben fühlen.

Mein Dank geht an den Verfasser dieses Buches Ismail Kaplan und an seine Unterstützer, die ermöglicht haben, diese für uns wichtige Veröffentlichung an die interessierten Leserinnen und Leser zu bringen.

Die Alevitische Gemeinde Deutschland würde sich sehr freuen, wenn diese Veröffentlichung ein Beitrag dazu leisten würde, neue Kontakte und Freundschaften zwischen alevitischen und anderen Bevölkerungsgruppen in Deutschland aufzubauen und den interreligiösen Dialog zu verstärken.

Ich lade Sie herzlich ein, das Alevitentum kennen zu lernen und den interreligiösen Dialog gemeinsam voranzubringen.

Turgut Öker
Vorsitzender der Alevitischen Gemeinde Deutschland

Einführung

„Alevit? Was ist das?" Das war in den achtziger Jahren oft die Frage der deutschen Gesprächspartner. Mittlerweile genießen die Aleviten eine gewisse Bekanntheit, obwohl es noch an fundierten Informationen mangelt. Dass die deutsche Öffentlichkeit über die anatolischen Aleviten und ihren Glauben kaum informiert ist, ist kein Zufall. In ihrem Bestreben, die Türkei nach Außen hin eine ethnische und religiöse Einheit darzustellen, haben die türkischen Regierungen die religiöse Sonderstellung der über 20 Millionen Aleviten in ihrem Land bisher nicht anerkannt. Diese offizielle Darstellung wurde unkritisch auch fast in allen westlichen Publikationen über die Türkei übernommen. Dies hat sich in den letzten Jahren geändert und das Interesse der deutschen Öffentlichkeit am Alevitentum hat in den letzten Jahren stetig zugenommen.

In dieser Veröffentlichung steht die Bezeichnung „Alevit" als Sammelbegriff auch für die Untergruppen wie *Kızılbaş*-Aleviten, *Bektaşi*-Aleviten, *Tahtacı*-Aleviten und weitere Gruppen, da sie allen den Gottesdienst „Cem" gemeinsam haben. In der westlichen Literatur wird die Glaubensgemeinschaft der Aleviten häufig mit den Alawiten in Syrien verwechselt, die auch Nusairier genannt werden.[1]

Aleviten glauben an eine heilige Kraft des Schöpfers, die an die Menschen vor allem durch Mohammed und seinen Schwiegersohn, den Ali, sowie durch dessen Nachkommen bis heute übertragen wird. Nach diesem Glauben wird der Mensch als (yansıma) Widerspiegelung Gottes betrachtet. Mohammed und Ali sind die Vorbilder für diese Widerspiegelung, d. h. zum einen in ihrer Gleichartigkeit Gottes (Eigenschaft Gottes), zum anderen Wiederspiegelung Gottes in den Menschen (Eigenschaft eines Menschen).

Um eine so tiefgehende Aussage nachvollziehen zu können, braucht man fundierte Hintergrundinformationen, die diese Veröffentlichung geben möchte.

- Wer sind die Aleviten?
- Was ist der geschichtliche Hintergrund der Aleviten?
- Welche Glaubensmerkmale haben die Aleviten nach Europa mitgebracht?

- Welche Feste feiern sie?
- Wie haben sich ihre Gemeinden entwickelt?
- Was erwarten sie von dieser Gesellschaft und was leisten sie für diese Gesellschaft?

Leserinnen und Leser sollten durch diese Veröffentlichung die Möglichkeit haben, Antworten auf diese und weitere Fragen über die Aleviten und ihre Organisationen zu finden.

Bei der Übertragung kulturspezifischer Informationen aus einer Originalsprache in eine andere Sprache ergeben sich immer Probleme. Die Bedeutung eines im Alevitentum verwendeten Begriffs ist oft nur sehr schwer mit einem feststehenden Begriff des abendländisch-christlichen Kulturkreises wiederzugeben. Oft ist eine ausführliche Erklärung nötig, die dann wieder den Lesefluss erschwert. Um dieses Problem einigermaßen zu beheben, werden in dieser Veröffentlichung viele Begriffe im Original (*kursiv*) und in Übersetzung benutzt. Für die Eigennamen wird in der Regel die Schreibweise verwendet, die in der deutschen Sprache schon gängig ist, wie z.B. Yazid I statt *Yezit* (türkische Schreibeweise). Für die Schreibweise von Eigennamen und Ortsbezeichnungen wurde der Atlas zur Geschichte des Islam von Günter Kettermann, WBG, Darmstadt, 2001, zur Grunde gelegt. Ansonsten ist die türkische Schreibweise (*kursiv*) gewählt worden. Um das Lesen türkischer Begriffe zu erleichtern, wird die Aussprache einiger türkischer Buchstaben am Ende des Buches vorgestellt.

Außerdem befinden sich im Anhang ausführliche Informationen zu einzelnen spezifischen Themen, ein türkisch-deutsches Glossar und Literaturhinweise. Die Anmerkungen zu den einzelnen Kapiteln können im hinteren Teil eingesehen werden.

Für den Auftrag zur Erstellung dieser Arbeit bedanke ich mich beim Vorsitzenden der Alevitischen Gemeinde Deutschland, Turgut Öker. Ohne seine Initiative und sein Drängen wäre ich nicht konsequent genug gewesen, diese Arbeit rechtzeitig zum Ende zu bringen. Weiterhin geht mein Dank an Dilek Öznur, Prof. Christian Troll und Dr. Martin Sökefeld, die mich bei der redaktionellen Arbeit tatkräftig unterstützt haben.

Sehr herzlich danke ich unserem Freund Dr. Klaus Thimm, der das Gespräch mit uns gesucht und dann – auch im Auftrag des Bischofs seiner evangelisch-methodistischen Kirche – vertieft hat, wobei er sich beeindruckende Kenntnisse des alevitischen Glaubens erarbeitet hat. Ohne sein dauerndes Drängen auf sprachliche Präzisierungen, seine kenntnisreichen Kommentare und seine klärenden Fragen wären große Teile dieser Arbeit weniger transparent und überzeugend geworden. Dabei hat er mich immer wieder dazu gedrängt, den alevitischen Glauben so darzustellen, dass er gerade für alevitische Jugendliche attraktiv ist und von ihnen vertreten werden kann.

Diese Darstellung soll deutschen Mitbürgern und Freunden von Aleviten ein geschlossenes Bild der Lebens- und Glaubensziele der alevitischen Gemeinschaft vermitteln sowie gerade jungen und in Deutschland heranwachsenden Aleviten ihren Glauben und ihre Traditionen nahe bringen.

Ich würde mich freuen, wenn diese Veröffentlichung ein Beitrag zum Kennenlernen des Alevitentums leisten würde. Ich wäre sehr dankbar für konstruktive Kritik der Leser und verspreche, sie in der nächsten Auflage zu berücksichtigen.

Ismail Kaplan
Köln, März 2004

Zur Geschichte der Aleviten[2]

Von der 68 Millionen Menschen[3] zählender Bevölkerung in der Türkei bezeichnen sich über 20 Millionen Menschen türkischer, turkmenischer, kurdischer und arabischer Herkunft als Aleviten. In Deutschland wird die Zahl der Aleviten auf ca. 700.000 geschätzt. Ein Teil der *Bektaşi*-Aleviten[4] lebt auch in den Balkanländern Albanien, Bulgarien, Kosovo und Mazedonien. Ihre Zahl wird ca. auf 300.000 geschätzt.[5]

Das heutige Alevitentum entstand im Zeitraum von 13.–16. Jahrhundert in Anatolien. Die Glaubensgrundlagen von Aleviten gehen jedoch zum Teil auf die Zeit der Entstehung des Islam zurück.

Um eine verständliche Einführung in das Alevitentum zu schaffen, müssen verschiedene bedeutende Wurzeln des alevitischen Glaubens, bzw. verschiedene Einflüsse auf das Alevitentums erwähnt und in diesem Kapitel kurz vorgestellt werden:

- Der Volksislam, insbesondere ismailitische Vorstellungen wie z. B. „innere" Deutungen der heiligen Texte (*batini yorum*),
- Der Schamanismus, ein vorislamischer Volksglaube der Turkvölker,
- Die Lehre von *Hacı Bektaş Veli* (sufistische Elemente aus dem islamischen Glaubensvollzug in Zentralasien),
- Der Sufi-Orden der Safaviden in Persien, insbesondere bei den *Kızılbaş*-Aleviten[6],
- Verfolgung und Vertreibung als identitätsstiftende Erfahrung.

Die genannten Wurzeln des Alevitentums wurden unter dem Druck der Verfolgung zusammengeführt und brachten den alevitischen Glaube hervor, der sich zunehmend vom orthodoxen Islam entfernte.

Verschiedenen Überlieferungen zu Folge äußerte Mohammed (türk. *Muhammet*), dass Ali ibn Abi Talib (um 600 bis 661), sein engster Wegbegleiter und Schwiegersohn, zu seinem Nachfolger werden sollte: : *Wer Ali lieb hat, hat gleichzeitig mich lieb. Und wer mich lieb hat, liebt Gott. Wer Ali feindlich steht, ist mein Feind und wer mein Feind ist, ist ohne Zweifel auch Gottes Feind. Ich bin wie eine Stadt des Glaubens (Wissen) und Ali ist dann das Tor zum Glauben (Wissen).* Für viele Gläubige war es ein sehr verständliches Anliegen, dass der Nachfolger Mohammeds aus der Familie des Propheten kommen sollte. Ihrer Meinung nach war Ali von Mohammed persönlich berufen worden, so wie ja auch Abraham persönlich von Gott berufen worden war und die Verheißung Gottes für seine leiblichen Nachkommen empfangen hatte..

Nach dem Tod von Mohammed (632) wurde jedoch entgegen der Erwartungen Abu Bakr als Nachfolger Mohammeds zum Kalifen bestimmt, während Ali die Trauerfeier für den Propheten gestaltete. Abu Bakr ordnete an, dass die Suren des Korans angesammelt werden sollten. Nach seinem frühen Tod nach nur zwei Jahren wurde dieses Werk von seinem Nachfolger Omar I (634–644) fortgesetzt. Omar leitete eine Zeit der militärischen Expansion des Islam ein: Seine Heere eroberten nach Siegen über die Byzantiner und die persischen Sassaniden Syrien, Palästina und Mesopotamien, d. h. das Gebiet des heutigen Irak.

Omar wurde ermordet. Sein Nachfolger wurde Othman ibn Affan (644–656) aus der Sippe der Omaiyaden. Othman ordnete an, dass alle Koran-Manuskripte außer einer einzigen, allein für authentisch erklärten Fassung, verbrannt wurden. Die von ihm vornehmlich aus seiner eigenen Sippe eingesetzten Provinzstatthalter wurden zunehmend selbstherrlicher und stellten ihre eigenen Privatarmeen auf. 656 wurde Othman von Meuterern ermordet.

Ali wurde schließlich im Jahr 656 als vierter Kalif gewählt. Doch Muawiya, der Statthalter in Damaskus, akzeptierte Ali als Kalif nicht. Er machte ihn für den Tod seines Vetters Othman verantwortlich und wollte Othman rächen. Ali wollte kein Kriegsheld sein, sondern die Gemeinde zusammenhalten. Er war sogar als Kalif bereit, den Konflikt durch einen Schiedsrichter beenden zu lassen. Muawiya legte den Schiedsspruch im Jahre 659 zu seinen Gunsten aus und erklärte sich selbst in Jerusalem zum Kalifen. Ali wurde 661 aus persönlichen Motiven von einem Charidschiten[7] in einer Moschee in Kufa ermordet, so dass der „unrechtmäßige" Kalif Muawiya Alleinherrscher über das islamische Reich wurde. Er reorganisierte den Staat mit Damaskus als Hauptstadt und bestimmte seinen Sohn Yazid I als Nachfolger, der 680 Kalif wurde[8].

Ein Teil der islamischen Gemeinde sah die Wahlen und die ersten drei Kalifen als ungerecht und als nicht geeignet an. Nach dieser Auffassung sollte die Botschaft Mohammeds durch einen Geistlichen und nicht durch einen Gewählten weitervermittelt werden. Aus dieser Überzeugung heraus erkannte ein Teil der Muslime das Kalifat als Amt der Nachfolge des Propheten Mohammed nicht an.

Al-Husain (türk. *Hüseyin*), der Sohn von Ali und der Enkelsohn des Propheten Mohammed, lehnte das Kalifat von Yazit I ab und unterwarf sich ihm nicht. Nachdem die

Bevölkerung Kufa Husain ihre Unterstützung zugesagt hatte und ihn in ihre Stadt eingeladen hatte, machte er sich zusammen mit etwa 100 Familienangehörigen und Gefolgsleuten auf den Weg nach Kufa, um die Leitung der Gemeinde von Yazit I zu übernehmen. Yazit I hatte schon in kürzester Zeit unzählige Verbrechen im Namen des Islam begangen. Als Husain und seine Leute Karbala (türk. *Kerbela*) im Irak erreichten, wurden sie von der Armee Yazits gestoppt. In der heißen Wüste wurden sie tagelang dem Durst ausgesetzt, da die Soldaten Yazits sie daran hinderten, an Wasser zu gelangen. Husain musste letztendlich gegen die zahlenmäßig zehntausendfach überlegene Armee von Yazit I. kämpfen. Am 10. Oktober 680 wurde Husain gemeinsam mit 72 seiner Familienangehörigen und Gefolgsleuten ermordet.

Der Tod Husains war für die Muslime, die es als entscheidend wichtig ansehen, dass die religiösen Führer des Islam leibliche Nachkommen des Propheten Mohammed sind, eine traumatische Erfahrung und führte zu einem tragischen Bruch in ihrem Glauben. Husains Tod durch das Heer des „unrechtmäßigen" Kalifen Yazid I legte den Grundstein zur endgültigen Spaltung des Islam in die „Anhänger Alis", die zunächst „Aliden" und später „Schiiten" genannt wurden, und die Anhänger der im Auftrag der „unrechtmäßigen" Kalifen erstellten „Sunna", den „Sunniten".

Husain wurde zu einem Märtyrer, der in allen Gebeten, Gesängen der Aleviten erwähnt wird. Sein Name steht für Gebet, Widerstand, Gerechtigkeit und Liebe, denn er ist Maßstab für diese Werten. *Kerbela* ist zwar eine Stadt, für Aleviten jedoch ist *Kerbela* ein Begriff für Widerstand, Trauer, Hoffnung und den Glauben an Gerechtigkeit.

Ein wesentlicher Teil der alevitischen Glaubenslehre geht auf die Lehre von den 12 Imamen [9] (*Muhammed-Ali Yolu*) zurück, die geistlichen Führern, die als Nachfolger des Propheten und leiblich von ihm abstammten. Als erster Imam gilt Ali, der schon genannte Vetter und Schwiegersohn des Propheten[10].

Im 8. und 9. Jahrhundert entwickelte sich eine neue Frömmigkeit, die islamische Mystik, die darin besteht, dass die Gläubigen durch mystische Verwenkung und einen besonders vorbildlichen Lebenswandel einen unmittelbaren Weg zu Gott suchen. Die bekannten islamischen Mystiker wie Hasan al-Basri (gest. 728 Basra), Rabia von Basra (gest. 801, Basra), Bayezid Bistami (gest. 874), al-Dschunaid (gest. 910, Bagdad) und al-Halladsch (gest. 922, Bagdad) entwickelten die islamische Mystik, durch die das Alevitentum stark beeinflusst wurde.

Das Jahr 1240 ist ein wichtiger Meilenstein in der alevitischen Geschichte, da sich in diesem Jahr der Aufstand der Turkmenen mit Unterstützung der lokalen Völker gegen die seldschukische Zentralmacht in Konya ereignete. Die Invasionen der Mongolen (11.-13 Jh.) führten zum Zerfall des seldschukischen Reiches und zur Errichtung kleiner Fürstentümer in Anatolien. Insbesondere nach der Niederlage(1240) von *Baba Ishak*[11] in

Amasya, der sich mit überwiegend alevitisch gesinnten Turkmenen gegen das seldschukische Reich auflehnte, siedelten sich die überlebenden alevitischen Führer in ganz Anatolien. *Hacı Bektaş Veli*[12], der von allen Aleviten als Heiliger und Gründer des anatolischen Alevitentums verehrt wird, konnte diesen Aufstand überleben.

Die Herausbildung des heutigen Alevitentums wurde auch durch Lehren des sufistischen Ordens der Safaviden im persischen Ardabil (türk. *Erdebil*) an dem Kaspisches Meer stark beeinflusst, die bis zum Anfang des 15. Jahrhunderts zurückreicht. Der Gründer dieses Sufi-Ordens, Safiy ad-Din, führte seine Abstammung auf den 7. Imam *Musa Kazım*[13] und somit auf Ali zurück.

Im Jahre 1514 übernahm der osmanische Sultan, *Yavuz Selim I.,* mit dem sunnitisch-islamischen Kalifat auch die geistliche Führung des sunnitischen Islam. Er wollte den Vertretungsanspruch des orthodoxen Islam auch gegenüber der alevitischen Bevölkerung in Anatolien durchsetzen, die er als „Ketzer" ansah. Die eskalierende Verfolgung der Aleviten führte zur Massakern, Zwangsumsiedlungen und Vertreibungen der alevitischen Bevölkerung in entlegenen Gebieten Anatoliens. Um die auch in der sunnitischen Bevölkerung verbreitete Sympathie für das Alevitentum zu unterbinden, bemühte sich der osmanische Staat von der Mitte des 15. Jahrhunderts an um die Stärkung orthodoxer sunnitischer Orden. Mit Hilfe dieser Orden versuchten die osmanischen Herrscher, das kulturelle und soziale Leben der Bevölkerung in Anatolien in ihrem Sinne zu beeinflussen. Während dieser Zeit beschleunigten sich die Aufstände der Aleviten und der Kampf des osmanischen Staates mit Persien, wo sich inzwischen eine safawitische Dynastie etablierte.

Gegen den zentralistischen osmanischen Staat, insbesondere gegen die Ausbeutung der regionalen Großgrundbesitzer und die Korruption der Gouverneure entstanden immer wieder Aufstände, die überwiegend von der alevitischen Bevölkerung getragen oder unterstützt wurden. Die wichtigsten sind: *Şah Kulu* (1511) und *Nur Halife* (1512) und die *Celali*-Aufstände (1596, 1601, 1623 und 1647). Nachdem die Verbindung der Aleviten Anatoliens zu den persischen Safaviden von der osmanischen Staatsmacht gewaltsam unterbunden worden war, schlossen sich die *Kızılbaş*-Aleviten [14] in Ostanatolien den *Bektaşis*[15] an, die sich damals in Mittel- und Westanatolien stärker verbreiteten. Das Alevitentum umfasst spätestens nach dieser Wende auch die *Bektaşi*-Tradition. Die Verbindung der Aleviten zum Kloster (*Dergah*) von *Hacı Bektaş Veli* nahm zu, nachdem Anfang des 17. Jahrhunderts das Kloster der Nachkommen von Hacı Bektaş Veli (*çelebi)*[16] durch die osmanische Macht anerkannt worden war.

In der Folge betonten die Aleviten die auch schon früher gepflegte *Bektaşi*-Tradition. In der Bektaşi-Tradition wurde der Sufismus zu einem der wichtigsten Bestandteil des Alevitentums fortentwickelt. Damit erhielten die Aleviten neuen Auftrieb und einen neuen geistlichen Nährboden.

Um ihnen diesen Nährboden zu entziehen und zugleich neu aufflammende Aufstände gegen das osmanische Reich niederzuwerfen, wurden die *Bektaşi*-Orden vom osmanischen Sultan *Mahmut II.* im Jahre 1826 verboten. Ihre Klöster wurden zerstört oder geschlossen, tausende *Bektaşi*-Geistliche ermordet und tausend Bücher verbrannt. Der größte Teil der *Bektaşi*-Klöster wurde dem Nakschbandi Orden[17], einen sunnitischen Orden, überlassen. Dieser Schlag hatte zur Folge, dass wichtige Quellentexte des alevitischen Glaubens verloren gingen. Es gibt heute kaum noch schriftliche Quellen bezüglich des historischen Alevitentums aus dieser Zeit. Die Entwicklung der Aleviten zu einer Religionsgemeinschaft in den drei Jahrhunderten zwischen den *Kızılbaş*-Aufständen und der Gründung der Republik im Jahre 1923 liegt somit weitgehend im Dunkeln. [18]

Die vom 16. bis zur Mitte des 17. Jahrhunderts andauernde Politik des Terrors gegenüber den *Kızılbaş*-Aleviten, begleitet von der Hinrichtung Tausender von Aleviten, führte sie in die soziale, geistige und ökonomische Isolation. Von der Mitte des 17. Jahrhunderts an zogen sich Aleviten vom aktiven wirtschaftlichen und sozialen Leben des Landes zurück, um sich einerseits der Gewalt des Staates zu entziehen und um andererseits die eigenen sozialen und religiösen Werte zu sichern. Dieser Rückzug aufgrund von Verfolgung und Repression dauerte bis zur Ausrufung der Türkischen Republik 1923. Der Rückzug in eine zum Teil selbstgewählte Isolation der hatte sowohl positive und als auch negative Auswirkungen: Eine positive Folge war die Herausbildung der heute praktizierten Glaubens- und Sozialstrukturen, die das Weiterbestehen des alevitischen Glaubens bis heute sicherstellten. Eine negative Folge war, dass die Aleviten in gesellschaftliche und wirtschaftliche Randbereiche des Landes abgedrängt wurden, in denen sie sich zum Teil so verfestigten, dass es ihnen schwer fiel, später einen gesellschaftlichen Aufstieg zu erreichen.

Die Herausführung der alevitischen Gemeinden aus dieser Isolation begann mit dem Befreiungskampf und der Gründung der Republik. Als die Türkische Republik 1923 ausgerufen wurde, unterstützten die Aleviten die Säkularisierung des Staates und hofften auf die Gleichstellung und Gleichbehandlung mit den Sunniten. Die neue Republik unter Leitung von Atatürk versuchte, die islamische Religion, die die Osmanen zu einer Staatsreligion gemacht hatten, in die Privatsphäre zurückzudrängen. Dazu schlug die neue Republik zwei Wege ein. Zum einen wurde der sunnitisch-osmanische Staatsislam, auf dessen Schulwesen und auf dessen Einflussnahme auf die Bevölkerung Kemal Atatürk zunächst nicht verzichten konnte, zu einer Art „Staatsunternehmen" umgestaltet: Dazu wurde das Amt für Religionswesen *Diyanet İşleri Başkanlığı* eingerichtet, eine Behörde, die sunnitischen Geistlichen als Staatsangestellte an die Regierung band. Damit konnte der Staat entscheidenden Einfluss auf ihre Verkündigung der Religion ausüben.

Zum anderen wurden Reformen wie die Abschaffung des islamischen Schariarechts und die Einführung des Zivilen Rechts, die Einführung des lateinischen anstelle des arabischen Alphabets und das Wahlrecht auch für Frauen durchgesetzt. Diese Reformen wurden von Aleviten voll unterstützt.

Atatürk wollte mit diesen Reformen die Ergebnisse der von ihm als zukunftweisend angesehenen europäischen Aufklärung der türkischen Gesellschaft nahe bringen. Dass dies nur zum Teil gelang, zeigte sich nach der Abwahl seines Nachfolgers *İnönü* im Jahr 1950. Entgegen der Absicht von Atatürk erwies sich die Behörde *Diyanet İşleri* jetzt als Keimzelle einer Re-Islamisierung, die besonders in den 1970er und 1980er Jahren eskalierte, als Petrodollars aus dem sunnitischen-wahhabitischen Saudi Arabien in großen Umfang in die Türkei flossen.

Die Re-Islamisierung brachte den Aleviten nach 1950 neue Schwierigkeiten. Die zunehmende Sunnitisierung der rechtsliberalen politischen Parteien, die wieder aufgenommene staatliche Ausbildung von sunnitischen Geistlichen durch eine noch stärke Anbindung des Amts für Religionswesen an die Regierung sowie die Wiedereinführung des obligatorischen sunnitischen Religionsunterrichts in den Schulen brachten die Aleviten in die Defensive. Eine – betont antikommunistische – Staatspolitik wurde als Instrument für Repressalien gegen die Aleviten genutzt, weil ein großer Teil der alevitischen Jugend aufgrund der Glaubenslehre in den 60er und 70er Jahren mit den sozialistischen Kräften sympathisierte.

Während der Periode der rechtsgerichteten Regierungen (1975–1980) unter Ministerpräsident Demirel verschärfte die wachsende Macht des Sunnitentums im Staatsapparat die Benachteiligung der Aleviten und machten es möglich, die Massen gegen die Aleviten zu mobilisieren. Weil staatlicher Schutz ausblieb fielen Hunderte von Menschen den Terroranschlägen in *Malatya* (April 1978), *Kahramanmaraş* (29. Dezember 1978), *Çorum* (1980), *Sivas* (2. Juli 1993) und zuletzt in *Istanbul/Gaziosmanpaşa* (12/13. März 1995) zum Opfer.

Von den Aleviten wurde insbesondere das Massaker in Sivas als ein Wendepunkt ihrer Geschichte wahrgenommen. Am 2. Juli 1993 organisierte der Förderverein von *Pir Sultan Abdal*[9] in der Stadt *Sivas* eine Gedenkveranstaltung. Die Veranstaltung wurde von einer Menge radikal-islamischer Demonstranten belagert. Schließlich wurde das Hotel *Madımak* nach einem achtstündigen Belagerung in Brand gesetzt, wobei die Polizei untätig zusah und die Menge die Feuerwehr daran hinderte, den Brand zu löschen. Von über 80 Menschen, überwiegend Aleviten, die im Hotel Schutz gesucht hatten, kamen 37 ums Leben. Die Opfer waren Schriftsteller, Musiker, Künstler und Gäste. Sie waren nach Sivas gekommen, um am Fest zum Andenken des berühmten türkisch-alevitischen Dichters *Pir Sultan Abdal* (16. Jh.) teilzunehmen. Das Massaker am 2. Juli 1993 war aufgrund der Duldung der aufgehetzten Islamisten durch die Polizei und das Militär möglich geworden. Seit diesem Massaker ist das Vertrauen der Aleviten in den türkischen Staat nachhaltig erschüttert: Das Nichteingreifen der Sicherheitskräfte ließ den Eindruck entstehen, dass der Staat das Massaker absichtlich nicht verhindert hat.

Für das Selbstverständnis der Aleviten und für eine Bewusstwerden ihrer eigenen Identität ist dieses Massaker sowohl in der Türkei als auch in Europa grundlegend geworden. Der 2. Juli ist in die Geschichte der Aleviten als ein Trauertag eingegangen.

Unbekannte Mörder – vermutlich islamische Extremisten – beschossen am 12. März 1995 zwei von Aleviten besuchte Kaffeehäuser in *Istanbul-Gaziosmanpaşa*, wobei sie zwei Menschen töteten und fünfzehn verletzten. Daraufhin kamen mehrere Tausend Menschen – überwiegend Aleviten – zusammen und protestierten gegen die Untätigkeit der Polizei, die nicht weit entfernt von der Stelle des Überfalls stationiert war. Die Polizei ging mit ungeheuer Brutalität gegen die Demonstranten vor, so dass 27 Menschen ums Leben kamen und mehr als hundert Personen verletzt wurden. Die Regierung der Ministerpräsidentin *Çiller* lehnte jegliche Verantwortung für die blutigen Straßenschlachten ab und schob die Schuld auf „Provokateure aus dem Ausland". Letztendlich wollte sie die Aleviten selbst für diese Unruhen verantwortlich machen, um sie in den Augen der Öffentlichkeit als Unruhestifter zu diskreditieren. Unter dem Eindruck solcher völlig ungerechtfertigten Schuldzuweisungen hielten Empörung und Unruhe unter den Aleviten noch einige Wochen an. Seither ist ihnen der 12. März als Trauertag im Gedächtnis geblieben.

In ihrer Geschichte haben sich die Vorfahren der heutigen Aleviten oft gegen Ungerechtigkeit aufgelehnt. Ihre Aufstände endeten meistens mit Massakern und viel Leid. Aleviten gedenken aller und ehren alle die, die ihr Leben für die Gerechtigkeit opferten.

Aus der bitteren Erkenntnis, dass sich die blutigen Verfolgungen der osmanischen Vergangenheit selbst in unsere Tage hinein fortsetzen, haben die Aleviten die Lehre gezogen, sich verstärkt an die Öffentlichkeit zu wenden. Sie sind überzeugt, dass nur dauerndes und europaweites öffentliches Erinnern an diese Massaker und Gräueltaten verhindern kann, dass sich solche Menschenrechtsverletzungen wiederholen.

Räumliche Verteilung und Stellung der Aleviten in der Türkei

Aleviten leben überall in der Türkei. Ethnisch gesehen gibt keine Abgrenzung. Aleviten findet man unter den Bevölkerungsteilen türkischer, turkmenischer, kurdischer und arabischer Abstammung. Für die Aleviten waren die vergangenen 200 Jahre geprägt durch die Flucht vor den Repressalien der osmanischen Herrschaft und durch die Zwangumsiedlung. Dennoch kann man von keiner ausgeprägten räumlichen Trennung zwischen den Aleviten unterschiedlicher ethnischer Zugehörigkeit sprechen. Allerdings gibt es gewisse Konzentrationen, die unterschiedliche Herkunft zuzuordnen sind. So liegen die traditionellen Siedlungsgebiete türkischer Aleviten in Mittelanatolien in den Provinzen Sivas, Amasya, Çorum, Tokat und Yozgat, während turkmenische Aleviten überwiegend in der südlichen und westlichen Türkei leben. Kurdische Aleviten wiederum siedeln überwiegend in Ost- und Südostanatolien und arabische Aleviten leben überwiegend in Hatay und Adana.

Vor 1965 lebte der größte Teil von Aleviten in ländlichen Gebieten, in denen das Alevitentum seine Tradition bewahren und sichern konnte. Die geistlichen Familien (*ocaklar*)[20] konnten in so abgegrenzten Einflussgebieten ihre Anhänger-Familien (*talip*)[21] religiös betreuen und die Glaubenslehre an weitere Generationen vermitteln.

Im Gefolge der verstärkten Industrialisierung der Großräume von Städten wie z.B. Istanbul, Ankara, Izmir, Izmit, Adana, Mersin und Gaziantep wanderten viele Aleviten in den 60er Jahren – und verstärkt nach 1980 – in die Städte ab. Heute lebt ein großer Teil der Aleviten in den Industriegebieten der Türkei.

Peter Alford Andrews stellt in seinem Buch *„Ethnic Groups in the Republic of Turkey, Wiesbaden"* Angaben verschiedener Autoren zum Anteil der Aleviten in der Türkei zusammen[22]. Diese Angaben schwanken zwischen 10 bis 30% der Gesamtbevölkerung der Türkei.

Volksgruppen	eigene Benennung	Gebiete	Sprache	Schätzgrößen
Alevi, Kızılbaş, Türkmen	Alevi, Bektaşi, Türkmen, Sıraç, Gavum	Mittel- und Westanatolien (Kars, Sivas, Amasya, Yozgat, Tokat, Ordu, Çorum, Balıkesir, Manisa, İzmir, Muğla)	Türkisch	10–14 Mio. (Altan Gökalp:1980)
Alevi-Yörük		Afyon, Bilecik, Bozöyük, Yozgat, Tarsus	Türkisch	Alternative Angabe: 4,- 5–18 Mio. (Roux:1970)
Tahtacı Aleviten	Türkmen	İzmir, Manisa, Aydın, Muğla, Denizli, Burdur, Isparta, Antalya,İçel, Adana, Maraş, Gaziantep	Türkisch	100.000 (1968)
Abdal	Abdal	Mittel- und Westanatolien	Türkisch	(keine Angabe)
Arap, Kürt (Sudanlı)		Süd- und Südwestanatolien	Türkisch	5.000 (1973)
Alevi Kürt	Alevi Kürt	Bingöl, Tunceli, Sivas, Yozgat, Elazığ, Malatya, Kahramanmaraş, Kayseri, Çorum	Kurdisch-Kurmancı	30% der kurdischen Bevölkerung
Alevi Zaza	Alevi Zaza	Tunceli, Hozat, Ovacık, Pülümür, Bingöl, Sivas, Erzincan, Erzurum-Hınıs	Kurdisch-Zaza	150.000 (1965)
Nusayri[23] Arabern	Alawi	Hatay, İçel, Adana, İskenderun	Arabisch	200.000(1985)

Ausgehend von diesen Angaben und nach eigener Schätzung beträgt die Anzahl der Aleviten in der Türkei mehr als 20 Mio. Der Anteil der kurdischer Aleviten an den Kurden insgesamt dürfte bei ca. 30 % liegen. Der Anteil der Zaza-Kurden[24] unter den alevitischen Kurden beträgt vermutlich unter 20 %.

Vor hundert Jahren übte ein Teil von Aleviten bestimmte Berufe aus, wie Holzfäller (*tahtacı*), Musiker (*Abdal*) oder Viehzüchter (*göçebe*). Um nicht aufgrund ihrer Eigennamen als Aleviten erkannt und zum Ziel staatlicher Repressalien zu werden, bezeichneten sie sich mit diesen Berufen. Die alevitischen Holzfäller (*tahtacı*) leben überwiegend im Taurusgebiet in der Südtürkei.

Heutzutage sind die Aleviten in allen Berufsgruppen vertreten. Insbesondere in den 70er Jahren waren sie aufgrund ihrer Aufgeschlossenheit und linksliberaler Haltung in den unteren und mittleren staatlichen Diensten stärker vertreten. Seit die rechtsliberalen und nationalistischen Regierungen in den 80er und 90er Jahren linksliberales und sozialdemokratisches Fachpersonal von ihren Posten verjagten, dürfte der Anteil der Aleviten im jetzigen Staatsapparat unterdurchschnittlich sein.

Der türkische Staat verschwieg der Weltöffentlichkeit die Existenz die 20 Mio. Aleviten und bezeichnete bis vor Kurzem die gesamte Bevölkerung als türkisch und islamisch. Unter „islamisch" wird einzig die sunnitische Glaubensrichtung verstanden. Andere ethnische und religiöse Gruppen werden nicht anerkannt.

- Obwohl der türkische Staat nach der Verfassung laizistisch aufgebaut ist, d.h. in seiner Verfassung eine Trennung von Religion und Staat festgeschrieben hat, unterhält er seit der Gründung der Republik ununterbrochen das Amt für Religionswesen. Dieses Amt beschäftigt für religiöse Dienstleistungen im Moment ca. 100.000 Personen, die alle dem sunnitischen Islam angehören, und diesen in 90.000 Moscheen verkünden, ungeachtet der Tatsache, dass ein Drittel der Bevölkerung der Türkei Aleviten sind. Da die Existenz der Aleviten verleugnet wird, erkennt der Staat weder Gebetsstätten (*cem evi*) noch Gelehrte (*dede*) der Aleviten an. Der türkische Ministerpräsident Erdogan bezeichnet im Herbst 2003 den alevitische Gottesdienst *cem* lediglich als Element der vergangenheitsorientierten Kultur. Er lehnt das alevitische *cem evi* als Gebetshaus ab.
- Ca. 400.000 Schüler in Predigerschulen und ca. 450.000 Schüler in Koranschulen werden jährlich sunnitisch-islamisch ausgebildet. Durch eine Schulreform von 1998 wurde die dreijährige Sekundarstufe der Predigerschulen abgeschafft, um den Schülern bessere Berufsperspektiven zu geben. Die islamisch ausgerichtete AKP (*Adalet ve Kalkınma Partisi*) Regierung unter Erdoğan machte 2003 diesen Schritt rückgängig, um den Predigerschulen wieder einen besonderen Platz im türkischen Bildungssystem zu geben.
- Seit dem Militärputsch 1980 werden insbesondere in alevitischen Dörfern Moscheen gebaut und sunnitische Vorbeter dorthin entsandt. Sie predigen im täglichen Gebet und im Beerdigungsgebet sunnitisch, obwohl sich das alevitische Gebet vom sunnitischen sowohl äußerlich – z. B. alevitische Männer und Frauen beten gemeinsam – als auch inhaltlich sehr unterscheidet. Zwar beten Aleviten nicht in diesen Moscheen, die sunnitischen Vorbeter wirken jedoch als Kontrolleure des alevitischen Religionslebens.
- Mit der Verabschiedung des türkischen Grundgesetzes 1982 unter der Militärherrschaft wurde der Religionsunterricht in den Schulen als Pflichtfach eingeführt. Auch alevitische Kinder müssen an diesem Unterricht teilnehmen. Dabei werden sie gezwungen, gegen ihren Willen die sunnitische Lehre über sich ergehen zu lassen, was eindeutig eine Missachtung ihrer Glaubensfreiheit bedeutet.

- Bis Februar 2002 war es verboten, sich unter dem Namen „*alevi*" zu organisieren. Die Vereine, die sich alevitisch bezeichnen, haben sich ihr Namensrecht erst durch Entscheidung des höchsten Verwaltungsgerichts erstreiten müssen.
- Die Europäische Union weist in ihrem Bericht 2003[25] auf die Beanstandungen der Aleviten hin. So heißt es in diesem Bericht „Die Aleviten beanstanden insbesondere den obligatorischen Religionsunterricht an den Schulen und die Darstellung in Schulbüchern, die der alevitischen Identität nicht Rechnung tragen, sowie die Tatsache, dass nur der Bau von Moscheen und religiöse Stiftungen der Sunniten finanziell unterstützt wird".

Alle diese Fakten zeigen, dass die Aleviten in der Türkei keine volle Religionsfreiheit genießen, sondern im Rahmen der Zielsetzung, eine ethnisch und religiös homogene Türkei zu schaffen, gezielt sunnitisiert werden sollen. So versucht die Mehrheit der türkischen Sunniten und mit ihnen die türkische Regierung, die Aleviten gemäß der Formel „Wir sind alle Muslime – *Hepimiz müslümanız*" zu negieren und „Einheit" zu demonstrieren. Sie verstehen aber damit unter solchem „Muslim sein" etwas ganz anderes als die Aleviten, denn sie erheben damit den Anspruch, dass die Aleviten genauso verpflichtet sein sollen, z. B. die Fünf Säulen des sunnitischen Islam als bindend zu betrachten. Ganz in diesem Sinne behauptet die Regierung, dass das Amt für Religionswesen auch den Aleviten diene.

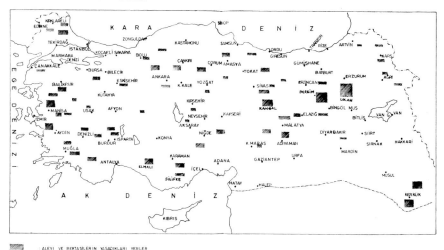

Bezirke mit alevitisch-bektaschitischer Bevölkerung im 20. Jhr. Quelle: Besim Atalay, Istanbul 1924.

Anzahl und Stellung der Aleviten in Deutschland

In Deutschland leben schätzungsweise 600–700.000 Aleviten türkischer, kurdischer und arabischer Herkunft. In ihrer Beantwortung einer Anfrage bezifferte die Bundesregierung die Zahl der Aleviten auf 400 000 und 600 000[26]. Dabei dürfte der Anteil der Aleviten unter den Migranten aus der Türkei in Deutschland höher sein als in der Türkei selbst. Zum einen kamen die sogenannten Gastarbeiter eher aus den ländlichen Gebieten der Türkei, wo der Anteil der Aleviten überdurchschnittlich hoch war. Zum anderen kamen in den 80 er Jahren verstärkt Aleviten nach Deutschland als Asylsuchende, da die überwiegende Mehrheit der alevitischen Bevölkerung vor dem Militärputsch 1980 auf der Seite der Opposition stand.

Aleviten sind wie andere Migranten überwiegend in den Industrieregionen in Deutschland wohnhaft. Sie leben heutzutage in Millionenstädten wie Berlin, Hamburg, Köln und München, aber auch in allen westdeutschen Kleinstädten.

Die Aleviten konnten sich durch die Migration zunächst von der psychischen und religiösen Unterdrückung der sunnitisch geprägten Umgebung in der Türkei befreien. Die politisch aktiven Aleviten organisierten sich in den Arbeitervereinen und Gewerkschaften. Religiös orientierte Aleviten veranstalteten ab und zu *Cem*-Gottesdienste mit ihnen bekannten Geistlichen aus der Türkei.

Nachdem sunnitische Muslime Mitte bis Ende der siebziger Jahre islamische Kulturzentren bzw. Moscheevereine gründeten, fühlten sich damit auch die Aleviten unter religiös-moralische Druck gesetzt und wurden sich zunehmend ihrer religiösen Andersartigkeit bewusst. So sahen sich die alevitischen Kinder unter moralischem Druck, Korankurse, wie sie damals in Deutschland in größer Zahl entstanden, zusammen mit ihren sunnitischen Schulfreunden zu besuchen. Alevitische Mädchen, die von ihren Eltern nicht hinreichend unterstützt wurden und deshalb nicht dagegen angehen konnten, sahen sich in den Ballungsgebieten wie in Berlin, dem Ruhrgebiet und Hamburg gezwungen, entgegen der alevitischen Traditionen ein Kopftuch zu tragen. Dazu kam, dass das türkische Amt für Religionswesen aufgrund des Abkommens der Türkei mit

Deutschland sunnitische Geistliche nach Deutschland schickte. Somit hatte jeder Moscheeverein die Möglichkeit, eigene Geistliche zu haben, die vom türkischen Staat bezahlt wurden.

In dem Maße, in dem den Migranten bewusst wurden, dass aus dem vorübergehenden wohl ein dauerhafter Aufenthalt in Deutschland werden würde, wurden religiöse und kulturelle Fragen für Aleviten in Deutschland wichtiger. Andererseits drohte auch wegen der fehlenden geistlichen Versorgung durch eigene Geistliche eine schleichende Sunnitisierung. Beide Entwicklungen wurden zum Anlass für die Aleviten, sich ernste Gedanken über die Zukunft ihrer Religionsgemeinschaft in Deutschland zu machen.

Die Alevitische Kulturwoche Hamburg, die von der Alevitisch-Bektaschitischen Kulturgruppe im Oktober 1989 in der Universität Hamburg organisiert wurde und 5.000 Besucher anzog, kann als ein Wendepunkt in der alevitischen Bewegung betrachtet werden. Die Alevitisch-Bektaschitische Kulturgruppe hatte im Mai 1989 ein „Alevitisches Manifest" verabschiedet und veröffentlicht[27], das später die Grundlage der alevitischen Bewegung in Europa bildete. In diesem Manifest wurde als Ziel gesetzt, das Alevitentum zu fördern und die zweite Generation der alevitischen Einwanderer bei der Identitätsentwicklung zu unterstützen. Um das Verständnis zwischen der sunnitischen und alevitischen Bevölkerung zu unterstützen, sowie einen Beitrag zur Multikulturalität zu leisten, wollte diese Gruppe die sunnitische und deutsche Bevölkerung durch eine gezielte Öffentlichkeitsarbeit über das Aleventum informieren.

Aleviten organisierten sich nach diesem Durchbruch in Deutschland mit diesen Zielen in alevitischen Ortsgemeinden, die meistens „Alevitisches Kulturzentrum", „Förderverein *Hacı Bektaş Veli*" oder „Alevitisch-Bektaschitischer-Kulturbund" heißen. In Deutschland gibt es zur Zeit in über 110 Städten ca. 120 alevitische Gemeinden. In Großstädten bildeten sich sogar mehr als eine Gemeinde. Allein in der Alevitischen Gemeinde Deutschland (AABF) sind 96 Gemeinden zusammengeschlossen.

Im Jahre 2002 haben die alevitischen Föderationen in den europäischen Ländern (Deutschland, Frankreich, Belgien, Niederlande, Dänemark, Österreich, Schweiz) die Alevitische Union Europa gegründet. Dabei spielt die Alevitische Gemeinde Deutschland eine führende Rolle. Die Alevitische Union Europa vereint insgesamt 170 alevitische Gemeinden und vertritt somit die Interessen von über einer Million Aleviten in Europa.

Obwohl die Aleviten in Deutschland Religionsfreiheit genießen, sind sie oft der Unterdrückung von fanatischen Islamisten ausgesetzt. So wurde bis vor ca. fünfzehn Jahren auf Aleviten Druck ausgeübt, wenn z.B. alevitische Familien ihre Kinder nicht in die Korankurse schickten. Die Aleviten können gegen diesen Druck erst jetzt Widerstand leisten, nachdem sie in den letzten fünfzehn Jahren alevitische Vereine in vielen deut-

schen Städten gegründet haben und durch die „Alevitische Gemeinde Deutschland"
aktiv ihre Interessen zur Sprache bringen. Dennoch können die alevitischen Schüler in
den deutschen Schulen die alevitische Lehre nicht lernen. Der von Lehrern aus der
Türkei angebotene Religionsunterricht ist auch in Deutschland noch durchgängig sunnitisch.

Eine Ausnahme bildet Berlin: Nach der Anerkennung als Religionsgemeinschaft
durch den Berliner Senats im Jahre 2002, erhielt das Kulturzentrum Anatolischer Aleviten die Möglichkeit, alevitischen Religionsunterricht in den Berliner Grundschulen zu
erteilen.

Die Aleviten in Deutschland bilden, bezogen auf ihre religiöse Kultur, eine weitgehend homogene Gruppe. Sie verstehen sich als eine Gruppe, die im islamischen Kulturraum einen eigenständigen Glaubensinhalt [28] entwickelt hat. Ob das Alevitentum eine
eigenständige Konfession ist und damit Bundesländern das Recht einfordern kann, einen eigenständigen Religionsunterricht zu erteilen, wird sich aus der Auswertung eines
Gutachtens ergeben, dass die Marburger Professorin Frau Dr. Spuler-Stegemann im Juli
2003 dem Ministeriums für Schule des Landes NRW vorgelegt hat.

Die alevitischen Glaubens- und Kulturelemente unterscheiden sich fundamental von
den sunnitischen. Wichtige Unterschiede sind zum Beispiel der *Cem*-Gottesdienst als
Nachahmung der Versammlung der Vierzig Heiligen, Verehrung der 12 Imame und die
Anerkennung der Dedes als Geistliche, das Moharrem-Fasten, die Weggemeinschaft,
die Opfer-Zeremonie und das Gelöbnis-Essen, das Wertesystem der Vier Tore und Vierzig Stufen und die gleichberechtigte Stellung der Frau.

Alle Aleviten sind diesen Grundwerten verbunden, die für die Homogenität und Einigkeit der alevitischen Gemeinschaft maßgebend sind.

Gemäßigte Vertreter des Islam sehen das Glaubensbekenntnis *„Ich bezeuge, dass es
keinen Gott außer Allah gibt und Muhammed ist sein Prophet"* als hinreichend verbindlich
für alle Muslime an. Nach diesem Verständnis ist jeder ein Muslim, der das Glaubensbekenntnis vor zwei Zeugen ausspricht. Dagegen stempeln die Vertreter des sunnitisch-
orthodoxer Gruppen[29] Personen und Gruppen als nicht islamisch ab, die die vorge-
schriebenen Interpretationen der Verständnis der Werte und Normen des Korans und
der authentischen Sunna ganz oder teilweise nicht erfüllen. Somit werden die alevi-
schen Glaubensinhalte von diesen Gruppen als nicht-islamisch zurückgewiesen, obwohl
nach der Glaubensfreiheit jeder Mensch und jede Gruppe das Recht hat, sich selbst zu
definieren und dies nach außen auszudrücken.

Für meisten Aleviten ist der religionskulturelle Zusammenhalt wichtiger als die ethnische Herkunft. So reichen die religionskulturellen Elemente unter Aleviten türkischer
und kurdischer Herkunft vollständig aus, um in der Diaspora gemeinsame alevitische

Gemeinden zu bilden und sie zusammenzuhalten. Die Aktivitäten der Alevitischen Gemeinde Deutschland, die über 96 alevitischen Gemeinden in allen bedeutenden deutschen Städten unter ihrem Dach vereinigt hat, sind ein Beweis dafür. Aufgrund der Öffentlichkeitsarbeit dieser Vereine beginnt die europäische Öffentlichkeit die Aleviten und das Alevitentum wahrzunehmen.

„Epos des Jahrtausends – Bin Yılın Türküsü", 13. Mai 2002, Foto: Uwe Völkner

Selbstbeschreibung der Aleviten (Selbstverständnis)

Die Eigenschaften einer alevitischen Person wird wie folgt beschrieben: „Ein Alevit:

- trägt die Heiligkeit von Gott (*Hak/Allah*), Mohammed, Ali (Schwiegersohn von Mohammed) in seinem Herzen,
- ist Alis Gerechtigkeit absolut treu (er verstößt niemals gegen Alis Gerechtigkeitssinn),
- beherbergt in seinem Herzen die Menschenliebe,
- achtet und toleriert jede Religion, Konfession, Glaubensrichtung,
- macht keine diskriminierenden Unterschiede wegen Sprache, Religion, Rasse, Farbe,
- beherrscht sein Ego,
- ist aufrichtig, freundlich, barmherzig, gerecht, liebevoll,
- legt großen Wert auf Wissen (geistliche Wissenschaft),
- strebt die eigene geistige Entwicklung an,
- wendet sich angstfrei und mit Liebe zu Gott hin,
- sieht Gott und Menschen als eine Einheit (im Einssein) an."[30]

Unabhängig davon, dass alle Aleviten sich die Freiheit nehmen sich als „Aleviten" zu bezeichnen, gibt es Gruppen unter ihnen, die die alevitische Identität aus unterschiedlichen Perspektiven definieren:

Moderne des Alevitentums

Der überwältigende Teil der Aleviten vertritt die Position, dass das Alevitentum ein eigenständiger Glaube ist. Für diese Gruppe ist es nicht relevant, ob das Alevitentum Elemente aus anderen Religionen beinhaltet. Wichtig ist der alevitische Glaube wie er bisher überliefert wurde und wie er heute ausgelebt wird. Sie suchen keine neue Gebete und sie haben es nicht nötig, Gebetselemente anderer Religionen oder Konfessionen zu übernehmen. Die voneinander unabhängige Koexistenz der evangelischen und katholischen Kirchen in Deutschland ist für die Aleviten ein Vorbild für die Akzeptanz der Koexistenz. Sie wollen das Alevitentum unverändert aufrechterhalten und nach den neuen Gegebenheiten in Deutschland an ihre Kinder vermitteln. Ihnen ist bewusst, dass insbesondere der Glaubensvollzug in den türkischen Großstädten und in Europa nicht so aufrechterhalten bleiben kann, wie es bisher in den türkischen Dörfern der Fall war. Das Alevitentum kann nicht mehr mit den Methoden von vor 50–60 Jahren an eine Jugend vermittelt werden, die an neue und moderne Lernmethoden und -techniken gewöhnt ist.

Nach Ansicht der Aleviten in der Moderne kann jede Person – ob sie nun aus einer alevitischen Familie abstammt oder nicht-, die sich mit dem Alevitentum identifiziert und das Versprechen (*ikrar*)[31] gibt, nach alevitischen Regeln zu leben, in die Gemeinschaft aufgenommen werden. Das ist nicht neu, sondern ist bei den *Bektaşi*-Aleviten schon seit Jahrhunderten der Fall.

Das Alevitentum soll nach dieser Ansicht in den Schulen im Unterricht vermittelt werden. Es soll sowohl in der Türkei als auch in Europa gesetzlich anerkannt und geschützt werden. Durch die „innere Emigration" in der Türkei und die Migration nach Europa können einige wichtige Elemente des Alevitentums wie *dede* und *zakir*, Weggemeinschaft und die so genannte öffentliche Beichte *görgü* nicht mehr in traditioneller Weise praktiziert werden. Diese Elemente müssen entsprechend den neuen Bedingungen neu definiert werden.

Die Aleviten leben nicht mehr isoliert von der Gesellschaft unter sich, sondern in einer multireligiösen Gesellschaft. Sie leben nicht mehr in den Großfamilien, sondern in Kernfamilien mit relativ wenigen Kindern. Nach dieser Ansicht muss sich das Alevitentum der Herausforderung der neuen Lebensbedingungen von Aleviten stellen.

Diejenigen, die sich als „wahre" Alevi-Muslime ansehen

Dieses Verständnis, sich als Alevit und gleichzeitig Muslim zu bezeichnen, ist bei einem Teil der Aleviten vorhanden und ist zum Teil als eine Folge der sunnitischen Assimilationspolitik zu betrachten. Ein Teil der Aleviten insbesondere in den türkischen Großstädten sieht zwar die Notwendigkeit, sich zu seiner Identität als Alevit zu bekennen. Gleichzeitig aber sie haben davor Angst, das Alevitentum in der Form, wie es ursprünglich gelebt wurde, aufzugeben. Sie verorten sich nach dem sunnitischen Verhaltenskodex und sind teilweise stark davon beeinflusst. Ihre Hoffnung ist, dass die Sunniten sie als „alevitische Muslime" akzeptieren, wenn sie nur den die Gebetspraxis der Sunniten annehmen würden. Ansonsten würden sie als „Atheisten" oder „minderwertige Muslime" abgestempelt werden. Sie befinden sich immer in Verteidigungsposition gegenüber der Sunniten und versuchen, ihren Glauben mit den Argumenten von Sunniten, nämlich durch die Suren des Korans und durch die Hadithen[32] zu erklären, obwohl sie von ihren Familien die Glaubensgrundlagen über das Alevitentum erhalten haben. Sie feiern z. B. das Fastenfest im Ramadan wie die Sunniten, obwohl sie auch im Monat Moharrem 12 Tage lang fasten. Sie gehen in die Moschee, um das sunnitische Gebet zu verrichten, obwohl sie auch am Cem-Gottesdienst als Gebet ansehen. Sie sagen unter sich, dass sie die „besten" Muslime seien und behaupten, dass das Alevitentum der „wahre" Islam sei. Diese Aleviten ordnen sich teilweise in einen volkstümlichen Islam ein, der sich deutlich vom sunnitischen Ortodox-Islam unterscheidet. Sie begründen die Zuordnung des Alevitentums zum Islam durch die Gemeinsamkeiten mit Sunniten, wie gleicher Gott (Allah) und gleicher Prophet Mohammed und die heilige Schrift Koran, wobei sie allerdings die verborgene (*batini*) Bedeutung des Koran als für sich maßgebend ansehen. Sie betrachten den Heiligen Ali als den rechtmäßigen Nachfolger von Mohammed, sowie den „Alevit-Weg" als den „wahren" Islam. Diese Gruppe fordert, dass die Aleviten im Amt für Religionswesen in der Türkei vertreten sein sollen.

Diejenigen, die unter sich und isoliert bleiben wollen

Manche Aleviten und ihre Geistlichen, die noch in den Dörfern der Türkei leben, wollen weiterhin unter sich sein und das Alevitentum im selben Still vor 50–60 Jahren aufrechterhalten. Nach Ansicht dieser Gruppe der Aleviten können nur diejenigen Aleviten sein, die in die Gemeinschaft hineingeboren werden und sich einem feierlichen Versprechen (*ikrar*) unterziehen. Sie sagen, dass der „Alevi-Weg" in der Verborgenheit bleiben soll. Diese Gruppe ist sehr klein und besteht vornehmlich aus einem Teil der älteren Aleviten.

Verhältnisse zwischen Aleviten mit unterschiedlichen Ansichten

Alle drei Gruppen der Aleviten beschreiben als zentralen Aussagen des Alevitentums unter anderem das Schöpfungsverständnis, die Menschenrechte, die Gleichheit von Mann und Frau, den *Cem*-Gottesdienst, die Anerkennung von alevitischen Persönlichkeiten wie die Zwölf Imame, *Hacı Bektaş Veli, Yunus Emre, Pir Sultan Abdal* und weitere Große Dichter, das Wertesystem (*dört kapı kırk makam*), den Spruch „*Allah-Muhammet-Ali*", die Zusammenkunft der Vierzig Heiligen, das Moharrem-Fasten, das Einvernehmen, Gelöbnisessen, sowie *Saz* und *Semah*. Aleviten sind sich über diese Aussagen einig[33].

Weiterhin besteht unter allen Aleviten Einvernehmen hinsichtlich der Ablehnung eines bestimmten Islamverständnisses und seiner Elemente wie das Schariagesetz, die religiöse Legitimation von Gewaltausübung gegenüber Personen innerhalb und außerhalb der eigenen Gemeinschaft bei Verletzung vermeintlicher Glaubensinhalte, Kopftuchzwang, das Gebet in der Moschee fünfmal am Tag, die Polygamie, die benachteiligte Stellung der Frau in Gemeinde und Gesellschaft u.a..

Ältere Aleviten sagen, dass sie die besten Muslime seien, weil nach ihrer Auffassung Allah, Mohammed und Ali die wichtigsten Grundlagen des Islam seien. Die überwiegende Mehrheit der alevitischen Jugendlichen ist der Ansicht, dass das Alevitentum mit dem Islam wenig zu tun hat, weil die Aleviten die sogenannten „Fünf Säulen des Islam" nicht akzeptieren und praktizieren. Bei diesem Widerspruch spielt bei den Älteren auch die Angst eine Rolle, von sunnitischen Bekannten und Arbeitskollegen als „Atheisten" abgestempelt zu werden, wenn sie sich als Alevit bezeichnen. Das ist dadurch begründet, dass die Ablehnung der sunnitischen Lehre durch die Aleviten in der Vergangenheit durch die osmanischen Sultane als Legitimation von Gewalt gegen die Aleviten missbraucht wurde.

Ein wesentlicher Teil der jüngeren Generation wurde in Europa sozialisiert. Diese Aleviten sind mit den Vorurteilen und früheren Repressalien seitens der sunnitischen Radikalen nicht so belastet wie ihre Eltern bzw. Großeltern. Diese Jugendlichen leben in einer offenen Gesellschaft, in der der Informationsfluss zwischen den verschiedenen Gruppen rasant läuft. Aus diesen Gegebenheiten heraus können die alevitischen Jugendlichen ein objektiveres und offeneres Verhältnis zum eigenen Glauben aufbauen als ihre Eltern. Sie sind bei der Identitätsfindung nicht gezwungen, Maßstäbe aus dem Land ihrer Eltern und Großeltern, der Türkei, zu berücksichtigen. Z. B. sie müssen sich in der freiheitlich demokratischen Gesellschaft keine Gedanken darüber machen, was die orthodox-sunnitischen Muslimen sagen würden, wenn sie sich „nicht als Muslim", sondern „als Alevit" bezeichnen. Diese alevitischen Jugendlichen müssen auf der anderen Seite versuchen, die Ängste und Gewohnheiten ihrer Eltern zu verstehen, die ihre Kinder über geschichtliche Entwicklung des Alevitentums informieren möchten. Schließlich sind es die Eltern gewesen, die den alevitischen Glauben trotz der schwierigen Bedingungen in ihrem Herkunftsland an sie weiter vermittelt haben.

Die alevitischen Ortsgemeinden in Deutschland versuchen bei ihren Aktivitäten eine offene Atmosphäre zu schaffen, in der die jüngeren und älteren Generationen in gegenseitiger Achtung und Liebe voneinander lernen können. Den Aleviten ist die Notwendigkeit bewusst, dass die Älteren mit Geduld und Toleranz den eigenen Glauben und die Kultur den Jüngeren weiter vermitteln müssen, damit das Alevitentum erhalten bleibt.

Die gemeinsamen Werte sind es, die für die Einigkeit der Aleviten, sei es der jüngeren, sei es der älteren Generation, maßgebend sind, nicht deren Zuordnung. Der Streit über die Zuordnung der alevitischen Lehre im oder außerhalb des Islams ist nebensächlich und kein Gegenstand für die Gläubigen, sondern eher für Religionssoziologen und Geschichtswissenschaftler.

Typische Verhaltensweisen bei den Aleviten

Vertreter der alevitischen Gemeinden zeigen in ihrem Auftreten in der Öffentlichkeit typische Verhaltensweisen:

- Aleviten zeigen sich offen und suchen das Gespräch mit hiesigen Behörden, Religionsgemeinschaften und Organisationen. Die Vertreter der alevitischen Gemeinden sind oft Persönlichkeiten, die in gesellschaftlichen Kreisen wie Gewerkschaften, Parteien, Migrantenorganisationen aktiv sind. Aus dem Verständnis „Betrachte alle Religionsgemeinschaften als gleichberechtigt" heraus, respektieren die Aleviten alle Religionsgemeinschaften. Sie bekennen sich dabei selbst zum Alevitentum. Sie lehnen jegliche erzwungene und gewaltsame Missionierung strikt ab.
- In jeder Stadt organisieren sich die dort ansässigen Aleviten in den lokalen Gemeinden/Vereinen, die alle gemeinsam die Alevitische Gemeinde Deutschland bilden.
- Wenn Aleviten aus gegebenen Anlass Verhältnisse geändert haben wollen, dann demonstrieren sie friedlich dafür.
- Alevitische Frauen und Männer sind in den alevitischen Gemeinden gemeinsam aktiv und sie beten auch gemeinsam.[34]
- Aleviten zeigen kein besonderes Erscheinungsbild wie Kopftuch bei Frauen[35] oder religiös gepflegter Bart bei Männern. Aleviten legen keinen Wert darauf, ihren eigenen Glauben zur Schau zu stellen und sie versuchen, ihre Glauben und ihre Gebete in Privatsphäre zu vollziehen. Aleviten sagen: „Keiner weiß, wer näher zu Gott steht. Das ist nicht zeig- und messbar, sondern ein inniges und persönliches Gefühl." *Hacı Bektaş Veli* sagt: „Alles hat ein sichtbares und 72 unsichtbare Gesichter." Ein anderer alevitischer Spruch heißt: „Was du auch suchst, such es in dir selbst"
- Die alevitische Lehre gibt den einzelnen Individuen Gewissens- und Glaubensfreiheit gemäß dem Spruch „Jeder ist für seinen Glauben selbst verantwortlich". Jeder Alevit ist frei, seinen Glauben selbst zu bestimmen, ohne die Verantwortung gegenüber den Mitmenschen und insbesondere den Bedürftigen zu vergessen.
- Es ist auch wichtig zu erwähnen, dass die Aleviten der Meinung sind, dass sie als gleichberechtigte Bürger in diesem Land am politischen Geschehen teilnehmen müssen. Dabei legen die alevitischen Gemeinden großen Wert darauf, von den türkischen und deutschen Parteien unabhängig zu sein.

Grundlagen des alevitischen Glaubens in seiner heutigen Ausprägung

Zu den Quellen der alevitischen Lehre

In diesem Kapitel werden die Glaubensaussagen und der Glaubensvollzug nach den Kenntnissen und Praktiken beschrieben, die in unsere Zeit teils schriftlich, teils mündlich überliefert wurden und auch heute in den alevitischen Siedlungsgebieten in der Türkei und in Europa gelten. Dabei dienen vornehmlich Aussagen, die auch mit den schriftlichen Quellen übereinstimmen, als Maßstab.

Als schriftliche Quellen der Aleviten können insbesondere folgende Werke genannt werden: *Buyruk* (Das Gebot, Buch über den Glaubensvollzug der Aleviten; Autor: *Bısatî*, 16. Jh.), *Nech'ül Belaga* (Sprüche vom Heiligen Ali), Gedichte von den sogenannten sieben „Großen Dichtern"[36] (türk. *Seyyid Nesimi, Fuzuli, Hatayi, Pir Sultan Abdal, Kul Himmet, Yemini,Virani*), *Velayetname* (Erzählungen über das Leben und Handlungen von *Hacı Bektaş Veli*) und *Makalat* (Gedankengut von Hacı Bektaş Veli zum alevitischen Wertesystem). Aleviten verehren viele weitere Persönlichkeiten und nehmen ihre Werke als Quelle für ihren Glauben an; z. B. *Hallac-ı Mansur* (10. Jh.), *Yunus Emre* (13. Jh.)[37] und *Balım Sultan* (16. Jh.) und *Hilmi Baba* (19. Jh.).

Bei der großen Zahl von analphabetischen Aleviten wurden die wesentlichen Glaubensaussagen vor allem durch die Geistlichen (*dedeler*) mündlich überliefert. Diese Aussagen z. B. über das Verhältnis Gottes zum Menschen, über die Wahrheit und über den Weg zur Wahrheit, sowie über die Einstellung der Aleviten zur Gegenwart und zur Zukunft müssen zum Teil aus den religiösen Gesängen und Gedichten heraus präpariert werden, um Ansätze zu einer alevitischen Systematik zu ermöglichen.

Der alevitische Dichter (*ozan/ aşık*) *Kul Nesimi* beschreibt im 17. Jahrhundert sein Verständnis und Beziehung zu Gott in einem seiner Gedichte wie folgt:

Ben melamet hırkasını
Kendim giydim eğnime
Ar ü namus şişesini
Taşa çaldım kime ne

Gah çıkarım gökyüzüne
Seyrederim alemi
Gah inerim yeryüzüne
Seyreder alem beni

Nesimi'yi sorsalar kim
Yarin ile hoş musun
Hoş olam ya olmayayım
O yar benim kime ne

> *Ich selbst habe meinen Weg zu Gott gewählt,*
> *Dabei verlor ich meine Ehre und meine Selbstachtung.*
> *Es geht niemanden an.*
>
> *Manchmal steige ich in den Himmel*
> *Von dort betrachte ich die Welt.*
> *Manchmal suche ich die Tiefe,*
> *Dann betrachtet mich die Welt.*
>
> *Nesimi wird gefragt, ob er mit Gott zufrieden ist.*
> *Es geht niemanden an, ob ich zufrieden bin oder nicht.*
> *Gott ist mein Gott. Es geht niemanden an.*

Kul Nesimi
Übersetzung: Ismail Kaplan

Aleviten glauben daran, dass Gott dem Heiligen Mohammed den Koran offenbarte, aber sie sind auch gleichzeitig davon überzeugt, dass der Koran nicht mit dem ursprünglichen Inhalt bewahrt wurde. Aleviten glauben, dass der heilige Koran in seiner authentischen Fassung bei Ali bewahrt ist. Die heute von den sunnitischen und schiitischen Muslimen verwendete Fassung des Korans wurde von 3. Kalifen Othman redigiert und kann deshalb nicht authentisch angesehen werden. Die Gültigkeit dieser heute vorliegenden Fassung ist nach alevitischem Verständnis deshalb nur insoweit anzuerkennen, als andere alevitische Quellen insbesondere „Das Gebot" *buyruk* darauf Bezug nehmen. Nach Ansicht der Aleviten besitzt der Koran, wie andere heilige Schriften, neben einer äußeren (*zahir*)[38] auch eine verborgene (*batini*)[39] Bedeutung. Infolgedessen übernehmen die Aleviten die verborgenen Bedeutungen von koranischen Versen wie sie dem Heiligen Ali und später den weiteren Imamen anvertraut worden sind.

Nach alevitischem Glauben wird der ursprüngliche Koran nur bei dem Heiligen Ali, als dem *veli* Gottes[40] und dem engsten Begleiter von Mohammed, aufbewahrt. Ali repräsentierte in all seinem Reden und Handeln in vollkommener Weise den Willen Gottes. Sein Leben und Tun waren für die Entwicklung und Entstehung des alevitischen Glaubens eine entscheidend wichtige Grundlage. Dabei geht man nicht von Ali, als dem vierten Kalifen und nicht nur von der geschichtlichen Person aus, sondern vom Ali des Glaubens, von einer Gestalt, wie sie im Laufe der Jahrhunderte von Generation zu Generation unter den Aleviten überliefert wurde. Nach dieser Vorstellung besaßen Mohammed und Ali das gesamte Wissen, das die Menschheit über die Wahrheit und über den Weg zur Wahrheit erhielt[41].

Der verehrte alevitische Dichter Pir Sultan Abdal formulierte diesen Glauben im 16. Jh. in einem seiner Gedichte wie folgt:

Sabah seherinde niyaza geldim
Dağlar ya Muhammet Ali çağırır
Bülbülün figanı bağrımı deldi
Güller ya Muhammet Ali çağırır.

Vird verildi gökte uçan kuşlara
Bakmaz mısın gözden akan yaşlara
Sular yüzün sürer taştan taşlara
Çağlar ya Muhammet Ali çağırır.

Muhammet Ali'nin çoktur aşığı
Aşık olanların yanar ışığı
Hasan Hüseyin ile beşiği
Sallar ya Muhammet Ali çağırır.

Jeden Morgen komme ich zum Beten
Die Berge rufen Mohammed Ali
Die Nachtigall beginnt ein Lied für die Rose

Weint und verlangt nach Mohammed Ali
Den Vögeln im Himmel wurde das Gebet gezeigt
Siehst du nicht die Tränen, die meine Augen netzen
Die Wasser springen von Stein zu Stein
Und verlangen nach Mohammed Ali

Es gibt viele Schüler von Muhammet Ali
Wenn man große Liebe fühlt, entzündet sie ein Licht
Hasans und Hüseyins Wiege schwingt
Und verlang nach Mohammed Ali

Pir Sultan Abdal
Übersetzung: Ismail Kaplan

Mehmet F. Bozkurt: Das Gebot. Mystischer Weg mit einem Freund.
Buchumschlag. Hamburg 1988. E.B.-Verlag Rissen.

Grundlagen des alevitischen Glaubens

1. Glaubensbekenntnis

Aleviten glauben an den einen und einzigen Gott (Allah/Hak). Gott ist für die Aleviten der Schöpfer, der Gerechte, der Allgegenwärtige und der Weise und lässt zugleich alle Lebewesen an sich Anteil haben. Diese Aufzählung der Eigenschaften Gottes ist nicht vollständig.

Aleviten glauben an den Propheten Mohammed als den Gesandten Gottes und drücken dies in ihrem Glaubensbekenntnis aus: „Es gibt keinen anderen Gott außer Allah, Mohammed ist sein Prophet und Ali sein Freund". Aleviten verwenden diese Glaubensbekenntnis in einer Kurzform: *„Ya Allah, ya Muhammed, ya Ali".* Aleviten glauben an eine Identität, eine geistige Gleichartigkeit zwischen Gott, Mohammed und Ali und sprechen als Kultspruch *„allah-muhammed-ali"* oder *„hak-muhammed-ali".*

Dieses Einssein bezieht sich im Kern auf das Gottesverständnis von Mohammed und Ali. Das alevitische Glaubensbekenntnis beinhaltet vier konkrete Aussagen:

1 Es gibt einen Gott: Aleviten glauben nur an einen Gott. Sie bezeichnen Gott als *Tanrı, Allah, Hu, Hak, Hüda, Şah, Ulu.* Gott ist überall zu fühlen und zu sehen. Göttlichkeit ist überall vorhanden.

2 Mohammed ist sein Prophet. Er vermittelte die Gottesbotschaft.

3 Ali ist sein Heiliger. Er lebte heilig und zeigte den Menschen den Weg zu Gott.

4 Allah-Mohammed-Ali sind Eins. Sie werden zusammen an- und ausgesprochen und in gleicher Weise angebetet. Nach Auffassung der Aleviten gehören Mohammed und Ali zum Lichte Gottes, das diese Welt seit ihrer Schöpfung erhellt.

Allah hat alles geschaffen, was existiert. Nach dem Glauben der Aleviten wollte Gott durch die Schöpfung sein Geheimnis offenbaren. *Hacı Bektaş Veli* formulierte im 13. Jh. die Kraft der Seele wie folgt: Das Paradies im Universum spiegelt sich im Herzen der

Menschen wider. (*Kainattaki cennetin insandaki mukabili gönüldür*). Die Aleviten bekennen sich zu Gott als dem Schöpfer und sprechen von einer liebevollen Beziehung zwischen Gott und den Menschen. Yunus Emre, der türkischsprachige Mystiker aus dem 13. Jahrhundert, beschreibt diese Beziehung in einem seiner berühmten Gedichte.

Yaradılanı severiz,
Yaradandan ötürü.

> *Wir lieben das Geschaffene*
> *Ja um des Schöpfers willen!*

Yunus Emre
Übersetzung: Annemarie Schimmel[42]

Nach alevitischer Auffassung erscheint Gott den Menschen als die Wahrheit in verschiedenen Formen. Aleviten formulieren das folgendermaßen: *„Nur diejenigen können diese Wahrheit sehen, die den Vervollkommnungsprozess durchmachen."* Die Auffassung, dass Mohammed und Ali einen Teil der Wahrheit bilden, wird im Glaubensbekenntnis formuliert. Mohammed und Ali sind vollkommen und bleiben vollkommen. Sie zeigten den Menschen ihre Vollkommenheit in ihrer Lebensweise. Auch ihre Nachkommen (die zwölf Imame[43]) sind von dem gleichen Licht erleuchtet. Deshalb ehren die Aleviten die 12 Imame als Symbole für diesen Glauben.

2. Der Glaube an die heilige Kraft (*kutsal güç*)

Aleviten glauben an eine heilige Kraft des Schöpfers, die vor allem durch Mohammed und seinen Schwiegersohn, Ali, sowie durch dessen Nachkommen bis heute an die Menschen weiter gegeben wird. Nach diesem Glauben wird der Mensch als Widerspiegelung (*yansıma*) Gottes betrachtet. Mohammed und Ali sind die Vorbilder für diese Widerspiegelung, indem sie einerseits Gott reflektieren und Gott ähnlich sind und andererseits Gott im Menschen reflektieren und menschliche Eigenschaften haben. Nach alevitischem Verständnis hat jeder Mensch, sei er Alevit, Christ, Sunnit oder Schiit, Frau oder Mann die heilige Kraft. Gott wollte seine Schöpfermacht und Schönheit durch die Erschaffung des Menschen zeigen. Dies belegen Ausdrücke wie „meine Seele", „mein lieber Freund", „mein lieber schöner Gott" (*canım, güzel dost, güzel yüzlüm, güzel tanrım*). Nach diesem Verständnis ist der Mensch das vollkommenste und schönste Lebewesen im Universum, auch wenn die Menschen diese Eigenschaften durch äußere Einflüsse verlieren können.

Für die Aleviten beinhaltet die heilige Kraft als eine Gabe Gottes den Verstand (*akıl*), der ermöglicht, dass die Menschen Gott und seinen Willen erkennen können. Yunus Emre beschreibt im folgenden Gedicht die Beständigkeit dieser Kraft:

Hem batiniyim, hem zahiriyim
Hem evvelim hem ahirim
Hem ben oyum hem o benim
Hem O kerim-i han benim.

> *Ich bin das Äußere und das Innere*
> *Der Erste und der Letzte bin ich*
> *Ich bin sein Ebenbild und*
> *Mein Ebenbild liegt in seinem Wesen*
> *Ich bin der Erhabene.*

Yunus Emre
Übersetzung: Ismail Kaplan

Der Verstand des Menschen als Gabe Gottes hat zur Konsequenz, dass jeder Mensch für die Führung seines Lebens verantwortlich ist. Der Mensch kann ein Scheitern nicht auf Gottes Willen zurückführen. Aleviten glauben, dass das Leid nicht auf Gottes Willen zurückzuführen ist, sondern durch menschliches Versagen bzw. durch das kollektive Fehlverhalten der Menschen entsteht. Der Glaube an die heilige Kraft im Menschen fordert von jedem Menschen ein aktives Bemühen um persönliche Vervollkommnung und den Dienst in der alevitischen Gemeinde.

Viele alevitische Gelehrten und Dichter formulierten diesen Schöpfungsglauben mit dem Spruch: *En-el hak*: Ich bin identisch mit Gott. Das heißt, ich bin sein Ebenbild und mein Ebenbild liegt in Seinem Wesen umschlossen. *Hallac-ı Mansur* (gest. 922) und *Seyit Nesimi* (gest. 1417) sind die berühmtesten Gelehrten der Aleviten gewesen, die durch die islamischen Gelehrten als Gotteslästerer zum Tode verurteilt wurden. Diese Vorstellung des Einsseins mit Gott war für den orthodoxen Islam unerträglich.

Der alevitische Dichter *Aşık Daimi* (1932–1983) drückte diesen Glauben in seinem Gedicht so aus:

Kainatın aynasıyım
Mademki ben bir insanım
Hakkın varlık deryasıyım
Mademki ben bir insanım

İnsan hakta hak insanda
Ne ararsan var insanda
Çok marifet var insanda
Mademki ben bir insanım

Tevratı yazabilirim,
İncil'i dizebilirim Kuran'ı sezebilirim,
Mademki ben bir insanım.

Daimiyim harap benim
Ayaklara turap benim
Aşk ehline şarap benim
Mademki ben bir insanım

Ich bin der Spiegel des Universiums
Denn ich bin ein Mensch.
Ich bin der Ozean der Wahrheit
Denn ich bin ein Mensch.

Der Mensch und die Wahrheit sind Eins
Was du suchst, findest du im Menschen
Der Mensch besteht aus Erkenntnissen
Denn ich bin ein Mensch.

Ich könnte die Thora schreiben
Die Bibel könnte ich in Verse fassen
Den verborgenen Gehalt des Koran erfühle ich
Denn ich bin ein Mensch.

Ich, Daimi bin ein Trümmerhaufen
Ich bin die Erde unter den Füßen
Ich bin ein Instrument, durch dessen Klang Gottes Liebe auftönt.
Denn ich bin ein Mensch.

Aşık Daimi
Übersetzung: Ismail Kaplan

3. Der Glaube an den Weg zur Vervollkommnung der Menschen (*insan-i kamil olmak*)

Aleviten glauben, dass jeder Mensch seine heilige Kraft, die eine Gabe Gottes ist, durch den eigenen Weg in sich entdecken kann. Gott hilft und gibt den Menschen Kraft, diesen Weg einzuschlagen. Aleviten schöpfen immer wieder Zuversicht aus dem Glauben daran, dass sie die heilige Kraft in sich haben und dass Gott ihnen die Kraft und den inneren Frieden schenkt, sich auf den Weg der Wahrheit zu begeben. Dieser Glaube ist die Quelle der Hoffnung auf Vervollkommnung. Aleviten glauben daran, dass am Ende dieses Prozesses der einzelne Mensch, wenn er seine heilige Kraft wieder entdeckt hat, sich mit Gott wiedervereinigen kann,. Das nennt man im Alevitentum „die Vervollkommnung" (*insan olmak – Menschwerden*). Für Aleviten ist der Mensch mit Hilfe seines Verstandes fähig, Gott zu erkennen und selbständig zwischen Gut und Böse zu unterscheiden; somit ist der menschliche Verstand „*akıl-can*" für Aleviten eine Quelle der Offenbarung. Der Weg des Menschwerdens wird den Aleviten in der Lehre gezeigt. Aleviten beten zu Gott nicht aus Furcht vor der Hölle oder aus Hoffnung auf das Paradies, sondern um seiner ewigen Schönheit willen. Auch dazu hat Yunus Emre folgendes formuliert:

Cennet cennet dedikleri
Bir kaç evle bir kaç huri
İsteyene ver sen onu
Bana seni gerek seni

> *Wenn das Paradies mit Häusern und Frauen beschrieben wird.*
> *Dann gebt sie denjenigen, die sie wollen.*
> *Ich aber will nur dich haben und dich fühlen.*

Yunus Emre
Übersetzung: Ismail Kaplan

Aleviten haben ein Bild von der Freiheit des Menschen vor Gott und von einem Verhältnis des Menschen zu Gott, das nicht von der bedingungslosen Unterordnung unter ein Gesetz bestimmt wird, sondern von der Fürsorge Gottes für den freien Menschen, von der Hilfe Gottes bei dem Bemühen des Menschen, Gott immer näher zu kommen. Um dieses Ziel zu erreichen, glauben die Aleviten, dass sie nicht nur ein Leben auf dieser Erde haben, sondern dass Gott ihnen viele Leben gibt. Der Vervollkommnungsprozess ist für die Aleviten eine Folge der Fürsorge Gottes für die Menschen: Gott gibt dem Menschen die Möglichkeit, sich ihm durch viele Leben hindurch immer mehr anzunähern.

Die Aleviten schließen dabei nicht aus, dass Menschen anderer Religionszugehörigkeit auf eigenen Wegen Gott erkennen und ihre eigene heilige Kraft entdecken können. Yunus Emre beschreibt den Wunsch zur Vervollkommnung in seinem Gedicht:

Şöyle hayran eyle beni
ışkun odına yanayım
Her kancaru bakarısam
gördiğüm seni sanayım

Al gider benden benlüği
toldur içüme senlüği
Gel sen beni bunde öldür
anda varup ölmeyeyim.

> *Ach, mache so verwirrt mich doch,*
> *Dass ich im Liebesfeuer[44] brenne.*
> *Wo(hin) ich immer auch blicken mag,*
> *Dass ich nur Dich erkenne!*

> *Ach nimm, ach nimm mein Ich von mir*
> *Und fülle mich so ganz mit Dir!*
> *Komm, töte, töte mich allhier,*
> *Dass ich dort nicht mehr sterbe!*

Yunus Emre
Übersetzung: Annemarie Schimmel

4. Der Glaube an die Unsterblichkeit der Seele (*canın ölmezliği*)

Die Aleviten glauben, dass die Menschenseele als Geschöpf heilig ist. Gott schuf die Menschenseelen gleichwertig und gleichzeitig. Die Seelen kommen von Gott und gehen zurück zu Gott. Die Körper sterben, jedoch nicht die Seelen. Alle Seelen ruhen bei Gott, bis sie Gestalt annehmen und zur Welt kommen. Nach dem Glauben der Aleviten stirbt die Seele eines Menschen nicht, sondern kehrt heim zu Gott, um nach einer angemessener Zeit in einen neuen Körper überzugehen. Dieser Kreislauf dauert so lange, bis die Seele die Vervollkommnung erreicht. Wenn Seelen sich noch nicht in diesem Kreislauf befinden, so warten sie bei Gott darauf, dass ein neues Kind entsteht.

Yunus Emre behandelt in seinen Gedichten den Glauben an die ewige Existenz der

Seele. „Die Körper sind sterblich, nicht die Seelen." (*Ölürse tenler ölür, canlar ölesi değil*). Nach diesem Glauben bedeutet die Existenz der Seele gleichzeitig die geistige Existenz eines Menschen. Für Aleviten ist Menschsein ohne Seele undenkbar, denn die Seele begründet das Menschsein des Individuums. Auch andere Geschöpfe haben eine Seele (die auch als unsterbliche Energie bezeichnet wird). Der vollkommene Mensch kann durch diese Energie die letzte Station dieser Reise, die Vervollkommnung erreichen. Die Aleviten sprechen von „Vier Toren", die der Mensch zu durchschreiten hat, um seiner Bestimmung auf der Erde gerecht zu werden und um die vorhin beschriebene Entwicklung (die Annäherung an Gott) zu erreichen.

Prof. Dr. Annemarie Schimmel beschreibt die Liebe eines alevitischen Derwisches zu diesem Weg mit folgenden Worten: „Er weiß, dass das Leben nur ein Kleid ist, das Gott ihm anvertraut hat und ihm wieder nehmen wird. Aber immer ist es die alles umfassende (Gottes-) Liebe, die er besingt und die ihn belebt wie auch tötet." [45]

Der Begriff Sterben wird von Aleviten als ein biologischer Begriff verstanden. Das biologische Sterben für Aleviten ist nicht identisch mit dem Ende des Lebens. Deshalb drücken Aleviten das Sterben des Körpers mit dem Ausdruck *Hakka Yürümek* aus: „zu Gott gehen" oder „sich mit Gott vereinigen". Das bedeutet, dass sich die Seele eines Menschen nach dem körperlichen Tod Gott zuwendet bzw. dass die Seele eines Menschen ihren Körper wechselt (*don değiştirmek*).

Vom alevitischen Glaubensverständnis heraus gibt es keinen gewollten Märtyrerstatus, also kein Sterben für den Glauben. Aleviten nennen nur solche Persönlichkeiten Märtyrer, die ermordet wurden, weil sie sich zum Alevitentum bekannten und sich für die Wahrheit aussprachen. Der Selbstmord auf einen angeblichen „Gottesweg" auf Kosten anderer Menschenseelen gilt bei Aleviten als Ungehorsamkeit gegenüber Gott und als schwerste Sünde.

Bekannte Autoren weisen in ihren Veröffentlichungen auf den Glauben an die ewige Existenz der Seelen hin:

- „Der Körper stirbt und die Seele wandert. Die Seele ist im Körper nur zu Gast" [46].
- „Diese Religion (das Alevitentum) hat gleichzeitig den Glauben, dass die Seele (*ruh*) in einer Welt mit unzähligen Wesen ständig umherwandert (reincarnation und incarnation). Hatayi (*Şah İsmail*) beschreibt in seinem Gedicht: In Tausenden Körpern kreiste Ali" [47].
- „Die Seele ist unsterblich. Sie bleibt gemäß Gottes Willen eine Weile in einem bestimmten Körper, trennt sich davon und wechselt in einen anderen Körper. Nach diesem Glauben ist die Seele Träger des geistigen Lebens. Die Vervollkommnung eines Menschen ist die letzte Stellung dieser Reise [48].

Vielen Kindern in alevitischen Familien werden die Namen von verstorbenen Verwandten gegeben in dem Glauben, dass ihre Seele in das Neugeborene wandern würde.

In manchen Gegenden der Türkei wird immer noch im Frühling die Beerdigungszeremonie wiederholt, mit dem Glauben, dass der Verstorbene im Frühling mit der Natur auferstehen würde.

Aleviten trösten die zu Gott gehenden „Seelen" und die Hinterbliebenen aus dem Glauben heraus, dass das Sterben lediglich den Körper betrifft, nicht aber die Seele. Da die „von Ego, Angst und Besitzgeist gereinigte" Seele unschuldig von Gott geschaffen ist, wird sich nach einer angemessenen Zeit wieder mit einem neuen Menschenkörper vereinigen. Aus dieser Perspektive heraus, betrachtet man das Sterben als einen Übergang in eine neue Lebensphase.

Am Abend des Beerdigungstags werden religiöse Gesänge (duvaz-i İmam) auf der *Saz* in Anwesenheit von Verwandten und Bekannten gesungen.

Am 40. Tag nach dem „Gang zu Gott" findet eine Zeremonie (*dardan indirme*) [49] mit allen Bekannten und Verwandten statt, in der eventuell noch offene Fragen mit der Seele der Person geklärt werden sollen. Falls die „zu Gott gegangene Person" Schulden hinterlassen hatte, werden sie von den Hinterbliebenen und insbesondere von der Familie übernommen, mit der man in die Weggemeinschaft (*musahip*) eingetreten ist. In der Gemeinde fragt der Geistliche nach Einvernehmen mit der Seele der „zu Gott gegangenen Person", nach ihrer Schulden und gegebenenfalls nach Begleichung der Schulden. Nachdem die Beteiligten ihr Einvernehmen kund getan haben, erklärt der Geistliche das Einvernehmen als gegeben. Anlässlich des Sterbenstages findet eine Fürbitte- Zeremonie statt, in der alle Beteiligten für die Rückkehr der Seele in die Welt beten.

Der bekannteste alevitische Dichter und Sänger (*aşık*), Aşık Mahzuni (gestorben am 17. Mai. 2002 in Köln), drückt in einem seiner Lieder den Glauben an die Unsterblichkeit der Seele wie folgt aus:

Ben Mehdi[50] *değilim amma erenler*
Bugün ölür yarın yine gelirim
Ya bir ceylan canda ya bir çiçekte
Değişerek başka sene yine gelirim

Böyle emreyledi beni yaradan
Hep o'ndayım bin yıl geçse aradan
Tüm canlı geçecek böyle sıradan
Geleceğe gider düne gelirim.

Ich bin jedoch kein Mahdi,
Dennoch gehe zu Gott und komme zurück.
Entweder als Seele eines Rehs oder einer Blume
Komme ich umgewandelt in einer anderen Zeit wieder.

Das ist eine Regel meines Schöpfergottes
Ich bin mit ihm auch nach tausend Jahren
Für alle Lebewesen gilt diese Regel.
Ich gehe in die Zukunft und komme in die Vergangenheit.

Aşık Mahzuni Şerif
Übersetzung: Ismail Kaplan

Das alevitische Wertesystem und die alevitische Ethik

Die vier Tore und vierzig Stufen (*Dört Kapı Kırk Makam*)

Der Lebenslauf des Menschen ist nach alevitischer Vorstellung vom Streben nach einer Entwicklung des Denkens und des Ethos bestimmt. Die Aleviten sprechen von den „Vier Toren", die der Mensch zu durchschreiten habe, um seiner Bestimmung auf der Erde gerecht zu werden und um die oben genannten Entwicklung (die Annäherung an Gott) zu erreichen. Jedem Menschen wohnt die heilige Kraft des Schöpfers inne. Durch den richtigen Weg kann jeder Mensch seine heilige Kraft entdecken und Gott näher kommen. Die Grundlagen des alevitischen Glaubens bestimmen den Glaubensvollzug. Der „alevitische Weg" führt durch „Vier Tore", für die jeweils zehn Stufen gelten. Die Gebote des Alevitentums sind denn auch weniger religiöse als vielmehr ethische Vorschriften, die zu wechselseitigem Respekt und Liebe anhalten und ein gutes Zusammenleben der Gemeinschaft ermöglichen. Ein wesentlicher Teil dieser Stufen (*makam*) im Alevitentum ist der Bestandteil allgemeingültiger Tugenden, die in der Erziehung und Bildung als Richtziele vorgeschrieben sind: zum Beispiel das Lernen, die Fürsorge für andere zeigen, die Natur lieben und schützen, Gutes wollen und tun, das eigene Ego beherrschen und bekämpfen, nicht hinterhältig und nachtragend sein, gerecht sein, ehrliches und rechtmäßiges Verhalten zeigen, Ehrfurcht und Achtung haben, ein harmonisches (konfliktfreies) Leben in der Gemeinschaft anstreben, geduldig sein, bescheiden sein, freigebig sein, alle Menschen als gleich betrachten, die Wahrheit frei aussprechen.

Aleviten glauben, durch das alevitische Wertesystem der „*Vier Tore Vierzig Regeln*" zu reifen und den Weg zur Vervollkommnung zu finden. Die *batini* Ausrichtung der Aleviten, die Schriften und Glaubensaussagen mit ihren verborgenen (*batini*) Deutungen zu übernehmen, findet man überwiegend im Wertesystem „*Vier Tore, Vierzig Stufen*".

Um dieses System zu erläutern, kann z. B. die Öllampe als Analogie vorgestellt werden. Die Öllampe als Nutzware kann äußerlich betrachtet und wahrgenommen werden (äußerliche Ordnung). Ohne ihr Licht kann die Bedeutung einer Lampe aber nicht verstanden werden. Allein das Licht als wichtige Funktion wahrzunehmen, reicht jedoch nicht aus, sondern man muss die Funktionalität der Öllampe physikalisch begreifen. Man muss verstehen können, dass das Licht durch das Brennen des Öls entsteht. Das Öl kann aber ohne Docht nicht brennen. Um diese Kenntnis zu erlangen, benutzen wir unsere Augen, unser Vorwissen und unseren Verstand (Erkenntnis). Das Licht als die Erscheinung des Geheimnisses des Öls ist das Ergebnis, das am Ende eines Prozesses zustande kommt, in dem das Ziel mittels der Materie ausschließlich durch den Verstand erreicht wird (Wahrheit).

Ein vergleichbarer und noch komplexerer Denk- und Wahrnehmungsablauf ist nötig, um den Prozess der Vervollkommnung zu verstehen. Dabei nutzen Menschen ihren ganzen Körper, ihren Verstand, ihr Gedächtnis, ihre Gefühle und ihren Geist. Die folgende Gegenüberstellung soll als Hilfsmittel für die Verdeutlichung verstanden werden.

Wertesystem im Alevitentum	Bereiche des Denk- und Wahrnehmungsprozesses bei Menschen	Teile einer Lampe	Prozess der Vervollkommnung
Şeriat Ordnung	Körper Wahrnehmen	Öllampe	Die materielle Natur der Geschöpfe lernen
Tarikat mystischer Weg	Verstand Erkennen	Docht	Sich von Begierde zur Liebe und von Vielheit zur Einheit zu bewegen
Marifet Erkenntnis	Gefühl Erfühlen	Öl	Fähigkeiten durch das Herzensgefühl zu entdecken
Hakikat Wahrheit.	Geist Tun	Licht	Die Endstation der geistlichen Reife (das Geheimnis der Existenz) zu erreichen

Es gibt unter Aleviten Einigkeit über dieses Wertesystem, jedoch gibt es teilweise unterschiedliche Bezeichnungen für die einzelnen Stufen. Seit dem frühen 15. Jh. findet man verschiedene Angaben zum Wertesystem „Vier Tore, Vierzig Stufen" in den alevitischen Dichtungen und Texten. Hier sind als Quellen hauptsächlich *Buyruk* und *Makalat* verwendet worden:

Das erste Tor zur Vervollkommnung ist *şeriat*

Als das erste Tor gilt im alevitischen Wertesystem *şeriat*. Es steht fest, dass die Aleviten mit dem Begriff *şeriat* auf keinen Fall das islamische Rechtssystem „Scharia" als religiöses Gesetz meinen. Viele Aleviten glauben, dass sie durch die Geburt in die alevitische Gemeinschaft dieses Tor durchschritten also „erledigt" hätten. Für Aleviten ist dieses Tor lediglich eine äußerliche Voraussetzung für Regeln, die sichtbare Handlungen auf dem mystischen Weg beschreiben. Es sind Regeln, die durch das Sehen, Hören und Mitmachen wahrgenomen, verstanden und gelernt werden. Ein Wegweiser oder Meister (*rehber*) kann dabei dem einzelnen Schüler (*talip*) helfen.

Die Tor *Şeriat* wird durch die Befolgung der zehn Stufen erreicht:

1. glauben und bezeugen (Glaubensbekenntnis aussprechen)
2. lernen (Wissenschaft lernen)
3. Gottesdienst verrichten (dazu gehört beten, fasten, milde Gaben geben)
4. ehrliches legales Einkommen haben
5. Ausbeutung (*haram*) und Ungerechtes vermeiden
6. die Achtung der Männer Frauen gegenüber
7. die Ehe suchen (außereheliche Verhältnisse vermeiden)
8. Fürsorge für andere zeigen
9. reines Essen zu sich nehmen, für gutes Ansehen sorgen
10. Gutes wollen und tun

Das zweite Tor zur Vervollkommnung ist der mystische Weg (*tarikat*)

Das zweite Tor „*tarikat*" wird durch die Initiation (*ikrar*) in die alevitische Gemeinschaft eröffnet. Der türkische Begriff *tarikat* steht hier nicht für eine bestimmte Ordenstradition oder den sufischen Weg.

Das Ziel ist dabei, den Sinn des Glaubens zu verstehen und zu erkennen. Um dieses Ziel zu erreichen, braucht der Mensch einen Wegweiser (*rehber*), der ihn begleitet und ihm Beistand leistet. Das ist der Prozess, in dem der Mensch seinen Platz in der Gemeinde findet und versucht, seine Handlungen immer wieder mit dem in Einklang bringen, was in der Gemeinde Konsens ist. Das Durchschreiten dieses Tores wird erreicht durch die Befolgung der zehn Stufen:

1. sich dem geistlichen Lehrer (pir) anvertrauen
2. sich dem Lernen hinzugeben

3. auf äußeres Ansehen verzichten
4. eigenes Ego bremsen und dagegen kämpfen (*sabir*)
5. Achtung haben
6. Ehrfurcht haben
7. auf Gottes Hilfe hoffen
8. sich auf den Weg Gottes begeben
9. Gemeinschaft bezogen sein, Harmonie zeigen
10. Menschen und Natur lieben, schützen und auf weltliche Güter verzichten

Aleviten bezeichnen den mystischen Weg als Mohammed-Ali Weg. Der Dichter *Hatayi* (16. Jh.) beschreibt den Weg wie folgt:

İbtidadan yol sorarsan
Yol Muhammet Ali'nindir.
Yetmiş iki dil sorarsan,
Dil Muhammet Ali'nindir.

Gece olur gündüz olur
Cümle alem dümdüz olur
Gökte kaç bin yıldız olur
Ay Muhammet Ali'nindir

Hatayi oturmuş ağlar
Diline geleni söyler
Top olmuş ortada döner
Nur Muhammet Ali'nindir.

> *Wenn du mich nach dem Weg fragst*
> *Es ist Muhammed-Ali's Weg*
> *Wenn du nach heiligen Sprachen fragst*
> *Es ist die Sprache von Muhammed-Ali*

> *Die Nacht wird zum Tage*
> *Die Berge verwandeln sich in Täler*
> *Der Himmel wird zu zahllosen Sternen*
> *Sie gehören Muhammed-Ali*

Hatayi sitzt und weint
Sagt alles, was er denkt
Erscheint als leuchtender Ball
Sein Licht reflektiert das von Muhammed-Ali

Hatayi
Übersetzung: Ismail Kaplan

Das dritte Tor zur Vervollkommnung ist das Tor der Erkenntnis (*Marifet*)

Der Begriff *marifet* bedeutet mystische Erkenntnis und ist eine Voraussetzung für die angestrebte Vervollkommnung. Was die Menschen von anderen Lebewesen unterscheidet, ist das menschliche Bewusstsein. Das menschliche Bewusstsein führt zur Erkenntnis der wahren Bedeutung des Menschen. Die Freude über diese Erkenntnis und das Erkennen der Schönheit der Schöpfung, die sich als Einssein von Körper, Emotion, Verstand und Geist offenbart, führt zu Hingabe und Ehrerbietung. Allein auf diese Hingabe zielt das *Cem*-Gebet und *Muhabbet*. Als „*muhabbet*" bezeichnet man eine Zusammenkunft, bei der religiöse Gesänge vorgetragen und die Angelegenheiten der Gemeinschaft behandelt werden. Das zentrale Anliegen dabei ist die einvernehmliche Verständigung der Mitglieder der alevitischen Gemeinschaft untereinander in einem Ort der Zuneigung und Liebe (*muhabbet meydanı*).

> *„Der Schöpfer schuf alles*
> *mit Liebe und dem Gefühl des muhabbet.*
> *Muhabbet ist der Pfeiler*
> *des Himmels und der Erde,*
> *über Muhabbet führt der Weg zu Gott."*

Die Selbsterkenntnis des Menschen ist also keine isolierte Erkenntnis des Individuums, sie wird vielmehr erst im gemeinschaftlichen Einssein erreichbar. In diesem rituellen Einssein wird die Selbsterkenntnis zugleich zur Gotteserkenntnis, zur Offenbarung des Weges zu Gott. Der Mensch kann gemeinsam mit seinen Mitmenschen leichter zur Wahrheit gelangen und dieses ist wiederum keineswegs endgültig, sondern erneuert sich immer wieder in jedem neuen Ritual, in jeder weiteren Zusammenkunft (*muhabbet*).

Die Erkenntnis wird nach alevitischer Vorstellung erreicht durch die Befolgung der folgenden zehn Stufen:

1. sich gut benehmen und anständig sein
2. ehrenhaft leben
3. geduldig sein
4. genügsam sein
5. schamhaft sein
6. freigiebig sein
7. sich um Wissen bemühen
8. Ausgewogenheit und Harmonie bewahren
9. gewissenhaft sein; Fähigkeiten, die nicht (nur) durch die Vernunft zu erreichen sind, sondern durch den Seelenblick (*can gözü/gönül gözü*) entdecken und erreichen
10. Selbsterkenntnis üben

Wer durch dieses Tor geht, vertieft die Lehre und die Bedeutung des Gelernten. Denken und Verhalten gehen ineinander über. Das Tor rettet den Menschen vor Unwissenheit und bereitet ihn für das vierte und letzte Tor (*hakikat*) vor.

Das vierte Tor ist die Wahrheit (*Hakikat*)

Im Zentrum des alevitischen Glaubens steht der Mensch als Wesen, das sich selbst sucht und erkennen will. Wer bin ich? Wo komme ich her? Wo werde ich hingehen? Seit Jahrtausenden versuchen die Menschen, ihr Wissen zu erweitern. Das Wissen über sich selbst blieb jedoch bis heute lückenhaft, so lange es nur ein Wissen des Verstandes war. Die Einbettung von Wissen des Verstandes in das emotionale Wissen des Körpers durch Musik und Bewegung macht aus dem Wissen des Kopfes ein Wissen des ganzen Menschen. Der Mensch erfährt sich ganz und weiß sich ganz, und so vermag er dann auch als ganzer zu handeln, nicht nur vom Kopf her, sondern im gewollten Einklang von Gefühlen und Körper. In dieser Ganzheitlichkeit liegt dann der Schlüssel zur Wahrheit (*Hakikat*), zur Selbsterkenntnis und dem, was aus ihr folgt. Dazu sind folgende Stufen zu benennen:

1. bescheiden sein, alle Menschen achten und ehren, 72 Glaubensgemeinschaften als gleichberechtigt anerkennen [51]
2. an die Einheit von Allah, Muhammed und Ali glauben
3. Beherrsche dich (Hüte, deine Hand, deine Zunge und deine Lende); nicht lügen, nicht stehlen und nicht gewalttätig werden, keine Untreue in der Ehe
4. Glaube an die Widerspiegelung Gottes (*seyr*)
5. Gott Vertrauen schenken

6. Austausch und Freude über die Erkenntnis, mit Gott und seiner Gemeinde eins zu sein (Yunus Emre: Ich habe genug an der Spaltung/Trennung gelitten, ich genieße jetzt das Zusammensein. *İkilikten usandım, birlik hanına kandım.*)
7. Wachsen in dieser Erkenntnis und dabei der Lösung des Geheimnisses Gottes näher kommen
8. Einklang mit dem Willen Gottes zeigen
9. sich ins Nachsinnen über Gott versenken (auch ein kurzzeitiges Versenken in Gott zählt mehr als 70 Jahre Gebet)
10. das Herz von der Sehnsucht nach Gott erfüllen zu lassen und das Geheimnis Gottes lösen (*münacat und müşahede*)

Die „Vier Toren und Vierzig Stufen" sind nicht als lineare Richtung, als hintereinander stehende Reihe von Regeln zu verstehen. Es sind Werte und äußerliche Regeln, die untereinander in Beziehung stehen, die gleichzeitig einzuhalten und zu fühlen sind. Es ist für die Gläubigen eine lebenslange Aufgabe, sich mit diesen Werten auseinanderzusetzen und sein Ego zu besiegen. Alevitische Geistlichen versuchen, diese Aufgabe durch einfache und nachvollziehbare Gleichnisse zu verdeutlichen.

> *„Beim Tor* şeriat *gibt es Besitzstandbezeichnungen wie meins und deins.*
> *In den Toren* tarikat *und* marifet *sowohl deins als auch meins.*
> *Beim Tor* hakikat *weder deins noch meins".*

Nach der Überlieferung sprach Yunus Emre nach 40-jährigem Dienst im Kloster (*dergah*) bei *Tabduk Emre* die von ihm erkannte Wahrheit *hakikat* wie folgt aus:

Haktan inen serbeti içtik elhamdülillah
Kuru idik yaş olduk, ayak idik baş olduk,
Kanatlandik kuş olduk, uçtuk elhamdülilah.
Yunus Emre

> *Wir waren trocken, wurden feucht (lebendig),*
> *wir waren Fuß, wurden Kopf,*
> *Beflügelten uns, wurden Vögel, flogen-*
> *Lob, Preis sei Gott!*

Yunus Emre
Übersetzung: Annemarie Schimmel

Die Aleviten glauben, dass jede Alevitin und jeder Alevit durch den Anteil ihrer/ seiner heiligen Kraft Gottes zur Erkenntnis der Wahrheit Gottes kommen kann, wenn sie/ er ihr/ sein Leben regelmäßig und vollkommen nach den oben genannten Stufen führt.

Ein Gedicht von Yunus Emre sagt zum Gefühl für die Stufe „Wachsen in der Erkenntnis":

Canlar canını buldum,
Bu canım yağma olsun.
Assı ziyandan geçtim
Dükkanım yağma olsun
Yunus Emre

    Ich fand die Seele der Seelen.
    Ich stelle mein Leben Gott zur Verfügung.
    Ich verzichte jegliche Belohnung
    Aus meiner Fülle kann jeder nehmen.

Yunus Emre
Übersetzung: Ismail Kaplan

Einvernehmen (*rızalık*) im Alevitentum

Als eine Konsequenz aus dem Wertesystem (Vier Tore und Vierzig Stufen) ergibt sich für die Aleviten die zentrale Stellung des Begriffes rızalık, was so viel wie Zufriedensein, Einvernehmen, Einverständnis und Zustimmung bedeutet. Zu Beginn des Gottesdienstes hat der Geistliche hat die Aufgabe, das Einvernehmen in der Gemeinde sicher zu stellen. Dazu fragt er rituell drei mal hintereinander, ob alle Gemeindemitglieder miteinander einverstanden (*razı*) sind. Er spricht dabei die Gewissen aller anwesenden Gemeindeglieder an, damit sich diejenigen zu Wort melden, die gekränkt sind oder von einer anderen Person ungerecht behandelt wurden. Gemeindeglieder sollten auch vortreten, wenn Sie Zeugen eines Vorfalls oder einer Unstimmigkeit geworden sind und diese zum Ausdruck bringen.

Nicht nur im Gottesdienst, sondern bei jeder Zusammenkunft von Aleviten sollte Einvernehmen erzielt werden. So wird z. B. am Anfang des Religionsunterrichts in der Klasse das Einvernehmen unter Leitung des Lehrers hergestellt.

Nach dem Buch „*Buyruk*" gibt es drei Aspekte von Einvernehmen bzw. Einklang (*rızalık*):

- Die erste Art des Einvernehmens einer Person ist der Einklang mit sich selbst: Das bedeutet, dass ein Gläubiger sich prüft und beurteilt. Es ist die Konfrontation mit seinem Ich, über sich selbst zu Gericht zu sitzen ohne Zeugen, ohne Anklage, und zu versuchen, eigene Fehler selbst zu erkennen. Die Entscheidung darüber bleibt jedem selbst überlassen.
- Die zweite Art des Einvernehmens ist die Harmonie (Integration: *uyum*) der Person in die Gemeinde[52]: Dazu gehört die Auseinandersetzung mit der Gemeinde, ob ein Gläubiger seine Hand gegen Stehlen, seine Zunge gegen Lügen und seinen Körper gegen unerlaubten Sexualtrieb sowie gegen Gewalt unter Kontrolle hält. Wenn sich jemand nicht unter Kontrolle hat, kann er – ohne Einverständnis in der Gemeinde zu erzielen – kein Angehöriger der Gemeinde werden oder als Angehörige in der Gemeinde bleiben.

- Die dritte Art des Einvernehmens ist die Bereitschaft des Gläubigen, sich auf den mystischen Weg zu begeben: Die Gläubigen treten freiwillig und auf eigenen Wunsch in die Gemeinde ein. Der 6. Imam, *Cafer-i Sadık* verkündete dazu Folgendes: Alle Gemeindemitglieder, sei es der Geistliche (*pir*), sei es der Schüler (*talip*), müssen alle Handlungen jederzeit auf eigenen Wunsch tun. Sie müssen auch untereinander eine Vertrauensbasis finden. Solches Vertrauensverhältnis in der Gemeinde beginnt bei den Weggefährten[53] *musahip*. Ein harmonischer Zusammenhalt in der Gemeinde fördert die Zufriedenheit der Einzelnen mit sich selbst. In einem solchen Netz reicht einer dem anderen die Hand (*el ele el hakka*), wobei Gott/*Hak* im Zentrum steht.

Nach alevitischem Glaubensverständnis kann es ohne Gemeinschaft unter den Menschen keine Gemeinschaft mit Gott und seinen Heiligen geben kann. Ohne Gemeinschaft mit Gott und seinen Heiligen kann wiederum keine Gemeinschaft unter Menschen existieren. Die Hinwendung zu Gott geht durch die Liebe zu Gott und zu Mohammed-Ali und zu allen anderen Geschöpfen.

Ausstellung eine Cem-Raumes. Ausstellung „Altäre – Kunst zum Niederknien", museum kunstpalast, *Düsseldorf. 02.09.2001–06.01.2002. Foto: Müslüm Bayburs.*

Bekämpfung des Egos (*benliği /nefsi yenmek*):

Gegen den eigenen Egoismus zu kämpfen ist die Lebensaufgabe der Aleviten. Viele Handlungen der Aleviten haben das Ziel, das eigene Ego zu bekämpfen und es zu besiegen. Die Liebe zu Gott und zu den Menschen entsteht durch die Reinigung der Seele von ihren Belastungen wie Besitzehrgeiz und Ego. Das Ego einer Person behindert nicht nur das Wohlbefinden der eigenen Person, sondern verletzt auch die Rechte anderer Menschen. Liebe zu Gott schließt auch die Liebe zu anderen Geschöpfen ein.

Die alevitische Erziehung in der Familie soll bewirken, dass die Kinder durch das Besiegen des eigenen Egos (nefs) das Gefühl zum Wohlbefinden entwickeln. In diesem Sinne fördert der alevitische Glaube die Fähigkeit, Ungerechtigkeit, Verlogenheit, Besitzehrgeiz und Zügellosigkeit im Umgang mit Menschen und Natur zu erkennen und verstärkt die Bereitschaft, diese zu überwinden.

Deshalb hat im Alevitentum die Selbstbeherrschung große Bedeutung für Erziehung und Selbsterziehung. So heißt es im Alevitentum: „Beherrsche (hüte), deine Hand, deine Zunge und deine Lende". Die Hand zu beherrschen bedeutet, dass der Mensch nicht stiehlt, nicht gewalttätig ist und sich nicht an einer ungerechten Behandlung anderer beteiligt. Die Zunge zu beherrschen bedeutet, dass der Mensch nicht lügt, nicht beleidigt und andere Menschen nicht zu Unrecht beschuldigt. Die Lende beherrschen bedeutet, Herr über den eigenen sexuellen Trieb zu sein und die familiäre Harmonie nicht durch sexuelle Untreue zu zerstören. Schuldhaftes Verhalten sollte spätestens innerhalb eines Jahres im Gottesdienst[54] offen gelegt und durch Schritte zur Versöhnung korrigiert werden.

Gott-, Mensch- und Weltbeziehung
nach Ansicht der Aleviten (*grafische Darstellung*)

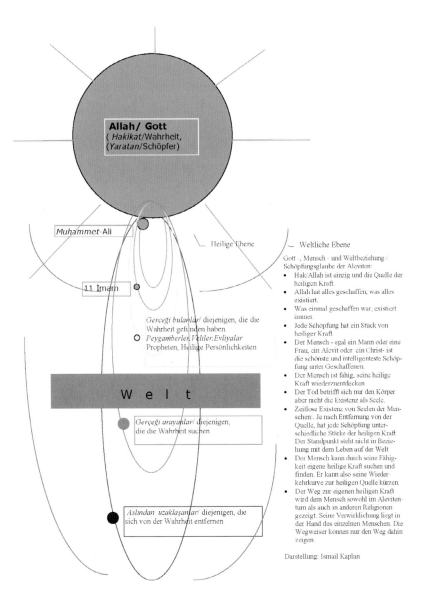

Allah/ Gott
(*Hakikat*/Wahrheit,
(*Yaratan*/Schöpfer)

Muhammet-Ali

Heilige Ebene

Weltliche Ebene

11. İmam

Gerçeği bulanlar/ diejenigen, die die
Wahrheit gefunden haben.
O *Peygamberler,Veliler,Evliyalar*
Propheten, Heilige Persönlichkeiten

W   e   l   t

Gerçeği arayanlar/ diejenigen,
die die Wahrheit suchen.

Aslından uzaklaşanlar/ diejenigen, die
sich von der Wahrheit entfernen

Gott-, Mensch- und Weltbeziehung /
Schöpfungsglaube der Aleviten:
- Hak/Allah ist einzig und die Quelle der
  heiligen Kraft.
- Allah hat alles geschaffen, was alles
  existiert.
- Was einmal geschaffen war, existiert
  immer.
- Jede Schöpfung hat ein Stück von
  heiliger Kraft.
- Der Mensch - egal ein Mann oder eine
  Frau, ein Alevit oder ein Christ- ist
  die schönste und intelligenteste Schöp-
  fung unter Geschaffenen.
- Der Mensch ist fähig, seine heilige
  Kraft wiederzuentdecken.
- Der Tod betrifft sich nur den Körper
  aber nicht die Existenz als Seele.
- Zeitlose Existenz von Seelen der Menschen:. Je nach Entfernung von der
  Quelle, hat jede Schöpfung unterschiedliche Stärke der heiligen Kraft.
  Der Standpunkt steht nicht in Beziehung mit dem Leben auf der Welt
- Der Mensch kann durch seine Fähigkeit eigene heilige Kraft suchen und
  finden. Er kann also seine Wieder-
  kehrkurve zur heiligen Quelle kürzen.
- Der Weg zur eigenen heiligen Kraft
  wird dem Mensch sowohl im Alevitentum als auch in anderen Religionen
  gezeigt. Seine Verwirklichung liegt in
  der Hand des einzelnen Menschen. Die
  Wegweiser können nur den Weg dahin
  zeigen.

Darstellung: Ismail Kaplan

Aufbau einer Alevitischen Ortsgemeinde

Die untergeordnete Stellung der Aleviten in der osmanischen Gesellschaft wirkte sich auf ihre Gemeindeleben aus. Bis heute sind die Aleviten in der Türkei eine sozial und religiös diskriminierte Gruppe. Sie werden oft als Sektierer angesehen und fallen somit unter das seit 1928 in der Türkei geltende Verbot für Sekten. Die von Aleviten für heilig erachteten Stätten wurden damals geschlossen. Offiziell ist damit keine Möglichkeit des Zusammenhalts gegeben. Das ist ein Grund dafür, dass bis heute keine zentrale Institution gebildet werden konnte, die den alevitischen Glauben vertritt und fördert. Geistliche Trägerfamilien des Alevitentums (*ocaklar*) mussten Jahrhunderte lang im Untergrund tätig sein, um ihre Gemeinden einigermaßen aufrecht zu erhalten. Die unten dargestellte Struktur stellt ein grundlegendes Fundament dar.

Organisation der geistlichen Trägerfamilien (*ocak*)[55]

Im Alevitentum gibt es eine klar definiertes Verhältnis zwischen den Geistlichkeit und den übrigen Gemeindemitgliedern. Die angestrebte Vorstellung ist, dass jede Alevitin und jeder Alevit einer Gemeinde unter der Leitung einer geistlichen Trägerfamilie steht. Die unmittelbaren religiösen Kristallisationspunkte der Aleviten waren und sind die geistlichen Familien (*ocak*), aus denen sich die Geistlichen (*dede*) rekrutieren. Diese betrachten sich ihrerseits als geistliche Stellvertreter von *Hacı Bektaş Veli*, der unter Aleviten als Gründer des alevitischen Wegs (*alevi yolu*) gilt.[56]

Es gibt mehr als 140 Stammfamilien, die von Aleviten als geistliche Trägerfamilien anerkannt werden. Für die Entstehung der alevitischen geistlichen Trägerfamilien sind drei Kriterien maßgebend: Abstammung, Wissen, besondere Fähigkeit und Dienst. [57]

- Abstammung: *Dede* ist der Geistliche, dessen Abstammung auf einen der 12 Imame und damit letztlich auf Ali zurückgeht. Die geistlichen Familien legitimieren ihren

Anspruch auf die Ausübung religiöser Leitungsfunktion entweder aus einer fiktiven Abstammung in der väterlichen Linie von einem der 12 Imame, oder sie leiten sich genealogisch von heiligen Männern aus der Umgebung von *Hacı Bektaş Veli* ab. In letzterem Fall erkennen Aleviten die Nachkommen (*çelebi*) von ihrem religiösen Oberhaupt *Hacı Bektaş Veli* als Geistliche an. Die geistliche Trägerschaft *dedelik* wird meist auf den ältesten Sohn übertragen, der das religiöse Wissen überwiegend mündlich tradiert. In Ausnahmefällen gab es auch weibliche geistliche Trägerinnen (*ana* oder *anabacı*). Heute gibt es auch vereinzelt *ana*s, die eine alevitische Gemeinde leiten.[58]

- Wissen und Fähigkeit: Als *dede* wurden im Laufe der Zeit von den Aleviten auch solche Persönlichkeiten ohne den Nachweis einer Abstammung von den Familien der 12 Imame, akzeptiert, die über außergewöhnliche Fähigkeiten (*keramet*) und religiöses Wissen verfügten. Auch die Nachkommen dieser Persönlichkeiten werden als geistliche Leiter akzeptiert.

- Dienst: Insbesondere bei Bektaschi-Aleviten wurden Personen durch einen legitimen *dede* bzw. *baba* aufgrund ihrer Leistungen als „aufgezogen" (*dikme dede*) beauftragt. In diesem Fall zieht ein *dede* eine geeignete Person für die Kontinuität der Dienste in den fernen Gebieten als Nachfolger auf. Auch ein Geistlicher, der für diese Aufgabe keine eigenen oder keine geeigneten Kinder hat, kann einen Nachfolger außerhalb seiner eigenen Familie vorbereiten. Die „Aufgezogenen" dienten in der Gemeinde jahrelang als Wegweiser (*rehber*). Falls der *dede* nicht mehr seinen Dienst für die Gemeinde leisten kann, dann gibt er im Einvernehmen mit der Gemeinde seine Kompetenz an diese Person ab, die als „*dikme*-aufgezogen" oder *dede-baba* bezeichnet wird. Solche Personen durften später ihre eigene Position als geistliche Träger aufbauen.

Religionshistorische Entwicklung der Aleviten

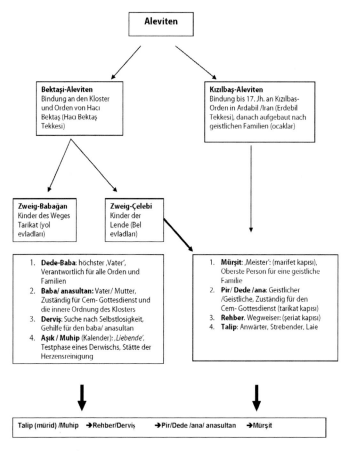

Aleviten

Bektaşi-Aleviten
Bindung an den Kloster und Orden von Hacı Bektaş (Hacı Bektaş Tekkesi)

Kızılbaş-Aleviten
Bindung bis 17. Jh. an Kızılbas-Orden in Ardabil /Iran (Erdebil Tekkesi), danach aufgebaut nach geistlichen Familien (ocaklar)

Zweig-Babağan
Kinder des Weges Tarikat (yol evladları)

Zweig-Çelebi
Kinder der Lende (Bel evladları)

1. **Dede-Baba:** höchster ,Vater', Verantwortlich für alle Orden und Familien
2. **Baba/ anasultan:** Vater/ Mutter, Zuständig für Cem- Gottesdienst und die innere Ordnung des Klosters
3. **Derviş:** Suche nach Selbstlosigkeit, Gehilfe für den baba/ anasultan
4. **Aşık / Muhip** (Kalender): ,Liebende', Testphase eines Derwischs, Stätte der Herzensreinigung

1. **Mürşit:** ,Meister': (marifet kapısı), Oberste Person für eine geistliche Familie
2. **Pir/ Dede /ana:** Geistlicher /Geistliche, Zuständig für den Cem- Gottesdienst (tarikat kapısı)
3. **Rehber.** Wegweiser: (şeriat kapısı)
4. **Talip:** Anwärter, Strebender, Laie

Talip (mürid) /Muhip   ➔Rehber/Derviş   ➔Pir/Dede /ana/ anasultan   ➔Mürşit

Darstellung: Ismail Kaplan, Sami Altıntop

Die meisten geistlichen Trägerfamilien führen ihre Abstammung auf die 12 Imame zurück, jedoch gibt es genügend geistliche Trägerfamilien, die durch ihre Leistungen zum Alevitentum auf diese Stufe erhoben wurden und als geistliche Träger ihren Dienst im Alevitentum verrichten.

An oberste Stelle der Rangfolge im Alevitentum steht der *mürşit*, der über mehreren geistlichen Familien stehen kann.

Da der *dede* nicht alle einzelnen Anhänger religiös betreuen kann, hat sich das System der Wegweiser (*rehber*) entwickelt. Der Wegweiser *rehber* ist dem *dede* untergeordnet. Der *rehber* muss nicht aus einem Geschlecht entstammen, das seine Abstammung auf die 12 Imame zurückführt. Jeder Lernende/Interessierten (*talip*) wird durch einen *rehber* oder unmittelbar durch einen *dede* und jeder *dede* durch einen *mürşit* betreut, der aus einem anderen *ocak* stammt. Diese Zuordnung des Interessierten (*talip*) zu einem bestimmten geistlichen Träger (*ocak*) war bis vor Kurzem auf beiden Seiten erblich, d. h. die Kompetenz wurde an die jeweiligen Kinder übertragen. Die Gemeindemitglieder können jedoch in begründeten Fällen ihren geistlichen Träger ablehnen bzw. wechseln.[59]

Erenler cemine her can giremez
Edep ile erkan yol olmayınca
Her Kamber'im diyen Kamber olamaz
İnsan-ı kamile kul olmayınca

Arama ırakta vardır yakını
Gerçek olan talip bulur hakkını
Yükletmezler sana yolun yükünü
Bükülüp ham etin dal olmayınca

Die vor Gott Verantwortung tragen
unterliegen besonderen Anforderungen
Und haben deshalb ihren besonderen Gottesdienst.
Ohne Wegweiser kann niemand Verantwortung übernehmen.
Wer keinen Wegweiser hat,
Kennt Anstand und auch den Weg nicht.

Such(Gott) nicht in der die Ferne, sondern in der Nähe.
Wer von Gott nicht dafür begnadet und begabt ist,

Kann die Last von Verantwortung nicht tragen.
Und deshalb wird sie ihm auch nicht auferlegt.

Şah Hatayi
Sinngemäße Übertragung: Ismail Kaplan

Aufgrund der Binnenmigration in der Türkei und der Migration nach Europa können diese Bindungen heute nicht mehr aufrecht erhalten werden. In Deutschland entstehen neue Bindungen zwischen *dede* und *talip*, die von der traditionellen Praxis abweichen. Hier sind das Wissen der Geistlichen und die alltäglichen Begegnungen in den Gemeinden ausschlaggebend. Unter neuen Bedingungen entstehen neue Bindungen. In den alevitischen Gemeinden kommen Aleviten zusammen, die aus unterschiedlichen Gegenden der Türkei stammen. Sie können die einstigen Bindungen zum eigenen Geistlichen nicht mehr aufrechterhalten. Die Geistlichen in den Gemeinden werden von den Mitgliedern akzeptiert, wenn sie über das nötige Wissen über das Alevitentum verfügen und in der Lage sind, die Mitglieder entsprechend ihrer religiösen Bedürfnisse zu betreuen.

Weggemeinschaft der Familien (*musahiplik*)

Die Weggemeinschaft (*musahiplik*)[60] war und ist eine wichtige soziale und geistliche Bindung unter den alevitischen Familien.

Um Solidarität und Harmonie in den Gemeinde zu verwirklichen, wurde die Institution der Weggemeinschaft, unter alevitischen Familien entwickelt. „Weggemeinschaft" heißt, dass alevitische Familien in der Gemeinde Familienpaare bilden und ihre Güter und Ressourcen auf Dauer bündeln. Es handelt sich hier nicht – wie oft wegen der ungenauen Übersetzung als „Wegbruderschaft" angenommen – um eine rituelle Verwandtschaft unter den Männern, sondern vielmehr um eine Bindung alevitischen Familien. Nicht nur die Ehefrauen (*bacılar*), sondern auch die Kinder werden in die Weggemeinschaft miteinbezogen. Jede alevitische Familie geht eine solche Gemeinschaft mit einer anderen Familie ein, die sich sozial und finanziell etwa auf gleichem Niveau befindet. Dies geschieht in einem feierlichen Akt im Cem-Gottesdienst[61] vor den Gemeindemitgliedern. Diese Beziehung führt zu einer religiösen „Verwandtschaft", die auch wirtschaftliche Konsequenzen hat. Die beiden Familien unterstützen sich gegenseitig in jeder Hinsicht. Jede ist für die andere mitverantwortlich. Die Fehler und Verdienste beider Familien müssen gemeinsam verantwortet werden. Im alevitischen Buch *Buyruk* heiß es: *„Auf dem Wege der Wahrheit sind Seele und Habe der Familien der Weggemeinschaft* *eins.*" Die Eheleute der Familien und die Kinder beider Familien in der Weggemeinschaft gelten als Geschwister. Stirbt einer der Partner, muss der andere für dessen Familie die Verantwortung übernehmen. Eine Alevitin oder ein Alevit wird auf der einen Seite geistlich von einer geistlichen Trägerfamilie betreut und lebt auf der anderen Seite in einem wirtschaftlichen und quasi-verwandtschaftlichen Bündnis mit einer anderen alevitischen Familie zusammen. Solche Bündnisse schützen die Gemeinschaft durch strukturierten Zusammenhalt und verhindern Egoismen einzelner Personen. Wer seine Weggemeinschaft ungerechtfertigt auflöst, kann von der Gemeinde ausgestoßen werden. Wenn unter Weggefährten eine echte freiwillige Bindung herrscht, wirkt sich das auf das Verhältnis unter den Gemeindemitgliedern aus.

Wegen der ökonomischen Verantwortung und der eigenständigen Haushaltsführung kann die Institution Weggemeinschaft in Deutschland in der bisherigen Form kaum fortgesetzt werden. Aleviten entwickeln allerdings parallel zur familiären Weggemeinschaft neue Formen der Weggemeinschaften, z. B. Patenschaft zwischen den Gemeinden in Deutschland und in der Türkei. Alevitische Gemeinden schließen mit den Gemeinden in der Türkei eine Art Patenschaft (*Kardeş dernek/cemevi*), die Solidarität und einen intensiven Austausch untereinander ermöglicht.[62] Dabei kann aber die gegenseitige moralische Verantwortung, wie unter den Familien, nicht verwirklicht werden.

Hinweis: Kindespatenschaft (*Kirvelik*)

Die Bindung „*kirvelik*" ist hauptsächlich bei den Aleviten kurdischer Abstammung in Ostanatolien anzutreffen. Bei der Beschneidung des Jungen sucht sich seine Familie eine andere Familie aus. Diese beiden Familien werden zu „*kirve*", d.h. sie gehen eine Partnerschaft ein, die bei Bedarf Hilfe und Schutz gibt. Die Kindespatenschaft wird nicht in einem Cem-Gottesdienst abgeschlossen, sondern unter den Bekannten.

Der Gottesdienst der Aleviten (*Cem*)

Cem bedeutet religiöse Versammlung und Vereinigung. *Cem* ist der zentrale Gottesdienst der Aleviten. Der *Cem*-Gottesdienst hat im Alevitentum eine fundamentale Bedeutung. Das liturgische Gebet[63] im Rahmen des *Cem*-Gottesdienstes ist gleichzeitig die wichtigste Gemeinsamkeit unter den Aleviten.[64]

Ein Alevit kann im *Cem*-Gottesdienst:

- für das Einswerden in der gemeinsamen Anbetung von *Allah-Muhammed-Ali* beten,
- seiner „zu Gott gegangenen" Verwandten gedenken,
- ein Tieropfer darbringen,
- ein gesegnetes Mahl (*lokma*) der Gemeinde zur Verfügung stellen,
- Rechenschaft für sein Fehlverhalten abgeben und
- im Alevitentum unterrichtet werden.

Der Cem-Gottesdienst und das in ihm verrichtete liturgisches Gebet hat für die Aleviten eine zentrale Bedeutung als gemeinsame Anbetung von *Allah-Muhammed-Ali* und den Heiligen und ist zugleich Wegweisung für ihren Glaubensvollzug. Daraus abgeleitet hat der *Cem* dann auch Bedeutung als eine Schule, als Gericht und als solidarisches Beisammensein. *„In der Cem-Versammlung wird das Abstrakte mit dem Konkreten, die Mystik mit der Logik, der Begriff mit dem Bild verbunden und dargestellt, so dass sie ineinander existieren können und „der Verkehr zwischen den Menschen zum Ort der Manifestation des Heiligen wird"* [65]

Der alevitische Gottesdienst ist eine Nachahmung der Zusammenkunft der Vierzig Heiligen[66], die der Heilige Mohammed am Ende seiner Himmelfahrt traf. Diese Zusammenkunft gilt als „Ur-*cem*", an das jeder alevitische Gottesdienst erinnert. Im Buch *Buyruk* wird dies wie folgt dargestellt:

„Als Muhammet von der Himmelsreise zurückkehrte, sah er in der Stadt ein Heiligtum, das seine Aufmerksamkeit erregte. Er ging bis zur Tür. Drinnen unterhielten sich einige

Personen. Muhammet klopfte an, um einzutreten. Jemand rief von innen: „Wer bist du? Wozu willst du kommen?" Muhammet antwortete: „Ich bin der Prophet. Lasst mich herein. Ich möchte die schönen Gesichter der Heiligen (erenler) sehen." Von drinnen ertönte es: „Ein Prophet hat in unserer Runde keinen Platz. Geh und sei Prophet deiner Gemeinde!" Daraufhin ging Muhammet von der Tür fort. Als er weggehen wollte, kam eine Stimme von Gott. Sie gebot: „Muhammet, geh zu jener Tür!" Auf dieses Gebot hin ging Muhammet erneut zur Tür und klopfte an. Jemand fragte von innen: „Wer ist da?" Muhammet antwortete: „Ich bin der Prophet. Lasst mich herein! Ich möchte eure gesegneten Gesichter sehen." Von drinnen ertönte es: „Ein Prophet hat in unserer Runde keinen Platz, im übrigen brauchen wir keinen Propheten." Der Gesandte Gottes wandte sich nach diesen Worten ab. Als er sich entfernen wollte, gebot Gott erneut: „Muhammet, kehr um! Wohin gehst du? Geh und öffne jene Tür!" Der Gesandte Gottes stand wieder vor der Tür. Er drückte den Türknauf. Als von innen eine Stimme erklang: „Wer bist du?" antwortete er: „Ich bin ein unbedeutender Habenichts, gekommen, um Euch zu sehen. Erlaubt ihr mir einzutreten?" In diesem Augenblick wurde die Tür geöffnet. Von drinnen hieß es: „Sei gegrüßt! Willkommen, du bringst uns Segen, macht alle Türen auf!" Er wurde hineingeführt.

Dort saßen die Vierzig Heiligen versammelt und unterhielten sich. Muhammet sagte: „Die heilige Tür, die Tür der Wohltaten steht offen. Im Namen des barmherzigen und gnädigen Gottes" – und trat mit seinem rechten Fuß ein. Drinnen saßen neununddreißig gläubige Seelen. Muhammet schaute um sich und sah, dass sie zweiundzwanzig Männer und siebzehn Frauen waren. Die Gläubigen waren bei seinem Eintritt aufgestanden. Alle boten ihm einen Platz an. Ali war auch in der Versammlung. Muhammet setzte sich neben Ali ohne ihn zu erkennen. Viele Fragen tauchten bei Muhammet auf – wer sind diese Personen? Sie wirken alle gleichrangig, aber wer ist höher, wer niedriger? Obwohl er nicht fragen mochte, hielt er es doch nicht länger aus.

„Wer seid ihr? Wie heißt ihr?" fragte er. „Wir sind die Vierzig" antworteten sie. „Wer ist euer Oberer, wer sind die Unteren? Ich habe es nicht erkennen können."

„Wir sind alle gleich, die Unteren sind auch die Oberen, Vierzig für Einen, Einer für Vierzig."

„Aber einer fehlt, wo ist er?"

„Das ist Selman, er ist auswärts. Er macht seinen Sammelgang (parsa). Aber warum fragst du? Selman ist auch hier, betrachte ihn als anwesend."

Muhammet bat die Vierzig, ihm dies zu beweisen. Darauf streckte Ali seinen gesegneten Arm aus. Einer der Vierzig sprach die Formel aus und ritzte Alis Arm mit einem Messer. Alis Arm begann zu bluten. Gleichzeitig bluteten auch die Arme der anderen. In diesem Augenblick drang ein Blutstropfen durch das Fenster und tropfte in ihre Mitte. Das war Blut aus dem Arm Selmans, der auswärts war. Danach verband einer der Vierzig Alis Arm. Das stillte auch die Blutung der anderen. Jetzt kam Selman von seinem Bettelgang zurück. Er hatte eine einzige Weintraube mitgebracht. Die Vierzig legten diese Traube Muhammet vor und sagen: „Oh Diener der Armen, tue einen Dienst und teile diese Traube unter uns auf!" Muhammet war besorgt und dachte: Sie sind vierzig Personen, und es gibt nur eine einzige Traube, wie kann ich sie aufteilen? In dem Augenblick sprach Gott zu Gabriel: „Unser geliebter Muhammet ist in Not, eile ihm zu Hilfe! Hol aus dem Paradies einen leuchtenden Teller, übergib ihm diesen Teller. Er wird darin die Traube zerdrücken und ihren Saft den Vierzig zu trinken geben."

Gabriel holte einen leuchtenden Teller aus dem Paradies und kam damit zum Gesandten Gottes. Er brachte ihm Gottes Gruß dar und legte ihm den Teller hin. „Mach Saft daraus, oh Muhammed", sagte er.

Die Vierzig beobachteten, was Muhammet wohl mit der Traube machen würde. Plötzlich sahen sie einen leuchtenden Teller vor Muhammet erschienen. Der Teller leuchtete wie das Licht der Sonne. Muhammet gab einen Tropfen Wasser in den Teller, dann zerdrückte er mit seinem Finger auf dem glänzenden Teller die Traube zu Saft. Er reichte den Vierzig den Teller. Die Vierzig tranken von diesem Saft. Dann wurden sie alle berauscht wie bei der Schaffung der Menschen. Sie standen von ihren Plätzen auf, sagten „Bei Gott!" und reichten sich die Hände. Sie begannen den semah-Tanz. Muhammet tanzte mit ihnen den semah. Der Tanz fand bei einem göttlichen Licht statt. Während des Tanzes fiel Muhammets heiliger Turban zu Boden. Er zerfiel in vierzig Streifen. Jeder der Vierzig nahm einen Streifen und machten sich daraus einen Rock. Später fragte Muhammet nach ihrem Pir und ihrem Leiter (rehber). Sie sagten: „Unser Pir ist ohne Zweifel Ali, der Şah-ı Merdan. Unser Leiter ist Gabriel, Friede sei mit ihm." Nun erst bemerkte Muhammet, dass Ali unter ihnen war. Ali kam auf Muhammet zu; da Muhammet ihn sah, bot er ihm einen Platz an. Die Vierzig schlossen sich Muhammet an, verneigten sich vor Ali und wiesen ihm den Weg.[67]

Dieser Text ist Grundlage des *Cem–* Gottesdienstes geworden. Der große Dichter Schah Ismail (unter Aleviten als *Hatayi* bekannt) beschreibt das Cem-Gebet von Vierzig Heiligen in seinem Gedicht *„Kırklar Meydanına"*:

Kırklar meydanına vardım
Gel beri ey can dediler
İzzet ile selam verdiler
Gel işte meyedan dediler

Kırklar bir yerde durdular
Otur deyü yer verdiler
Önüme sofra serdiler
El lokmaya sun dediler

Gir semah bile oyna
Silinsin açılsın ayna
Kırk yıl kazanda dur kayna
Dahi çiğ bu ten dediler

Şah Hatayi'mnedir halin
Hakk'a şükr et kaldır elin
Gıybetten kesegör dilin
Her kula yeksan dediler

Ich erreichte die Wohnstatt der Vierzig
Sie riefen; Komm zu uns, lieber Freund
Ich grüßte sie ehrerbietig
Komm herein, sagten sie – hier bist du zu Haus

Die Vierzig erhoben sich
Und sie machten mir Platz
Sie richteten die Tafel zum Mahl
Und luden mich zum Essen ein

„Tritt näher zum Semah an diesem Ort
Dein blinder Spiegel soll glänzen
Vierzig Jahre sollst du im Feuer läutern
Denn du sollst brennen – du bist noch kalt"

Was bist du nun, Schah Hatayi
Heb deine Hände und bete
Sprich über andere nicht schlecht
Denn sie sagten mir: Wir sind alle Eins

Şah Hatayi
Übersetzung: Ismail Kaplan

Der *Cem*-Gottesdienst wird meist donnerstagabends verrichtet. An einem *Cem*-Gottesdienst, der in großen Häusern oder sogar im Freien abgehalten werden kann, beteiligen sich alle Gemeindemitglieder, Frauen, Männer und Kinder ab ca. 12 Jahren. Oft wird der *Cem*-Gottesdienst durch eine Familie bzw. durch die Familien einer Weggemeinschaft federführend organisiert und finanziell gefördert. Der Ort und die Zeit des *Cem*-Gottesdienstes werden in der Ortschaft durch den „Bekanntmacher" (*peyik*) angekündigt. Jeder bereitet sich auf den *Cem*-Gottesdienst vor. Im Gottesdienst werden keine auffälligen Schmuckstücke getragen. Kleine Kinder, ältere und kranke Personen nehmen am *Cem* nicht teil.

Der Gottesdienst findet in Deutschland in der Regel in einem alevitischen Gemeindehaus oder in einem anderen geeigneten Raum statt. Er wird hier den Gemeindemitgliedern schriftlich angekündigt. Die Besucher erfahren erst am Abend, wer für den Gottesdienst gespendet hat. Die Familie bzw. Familien, die der Gemeinde den Gottesdienst gespendet haben, oder aufgrund einer Verpflichtung ihren Dienst verrichten sollen, organisieren ihn in Zusammenarbeit mit der Gemeindeleitung und dem Geistlichen. Dazu gehört nicht nur, die 12 Dienste zu bestimmen und gemeinsames Essen vorzubereiten, sondern auch groben Streitigkeiten und Unstimmigkeiten unter den potentiellen Besuchern nach zu gehen. Die Gläubigen, die nach alevitischem Verständnis von Mensch „*canlar*" (Seelen) heißen, sitzen im *Cem*-Gottesdienst, abgesehen vom *Semah*-Ritual in einem Halbkreis.

Ablauf und Unterschiedliche Formen des Cem-Gottesdienstes

Jeder *Cem*-Gottesdienst läuft unterschiedlich ab. Je nach Bedarf der einzelnen Personen bzw. Gemeinde gibt es verschiedene Formen des *Cem*-Gottesdienstes. Es gibt Bestandteile, die nur in besonderen *Cem*-Gottesdiensten vorkommen. Ein Gottesdienst ohne besonderen Anlass wird wie folgt ablaufen[68]:

- Der Geistliche übernimmt mit dem Einverständnis der Gemeinde die Leitung des Gottesdienstes
- Der Geistliche informiert die Anwesenden über die Einzelheiten und Bedeutungen der Handlungen im Gottesdienst.
- *Saz*-Spieler (*zakirler*) tragen drei Gesänge vor.
- Der „Feger" übernimmt seinen Dienst und kehrt symbolisch den Platz.
- Der Sitzplatz des *dede* wird bereitet. Er wird durch ein Schafffell (*post*) markiert, dass die Gegenwart des Heiligen Ali symbolisiert.
- Der Geistliche stellt das Einvernehmen der Beteiligten im Gottesdienst her. Gegebenenfalls werden Strafen erteilt.

- Die 12 Dienste übernehmen durch Fürbitte ihre Dienste.
- Das ewige Licht wird angezündet.
- *Tezekar* nimmt symbolisch eine Waschung (seelische Reinigung) im Namen der Beteiligten vor.
- Das Tieropfer und das Mahl werden gesegnet.
- Der Geistliche erklärt das Wertesystem „Vier Toren Vierzig Stufen" (*yol ve erkan*).
- Es wird gemeinsam dafür gebetet, dass der Gottesdienst angenommen wird (*mühürleme/birleme*). Hierzu gehören:
- - Ausspruch (*mühürleme*) des Geistlichen: „*Unser cem (wie eine Burg) schließen wir im Namen Gottes durch den Stempel des Engels Gabriel, mit dem Schlüssel von Hasan-Hüseyin. Unsere Gemeinschaft möge unter Schutz Alis stehen. Jetzt sprechen wir unser ‚Stoßgebet' an Mohammed Mustafa aus.*"
- - Der Geistliche betet das türkische Gebet zur Barmherzigkeit Gottes (*bağışlama*) und die Beteiligten beten, dass ihre Beichte und Reue (*tövbe*)angenommen wird. Das Gebet zum Einswerden (*tevhid*) wird durch den Geistlichen ausgesprochen.
- Der Geistliche leitet die symbolische „Versammlung der Vierzig" ein (*miraçlama*).
- Das Rituale des „*Semah* der Vierzig" wird gezeigt.
- Geweihtes Wasser wird verteilt.
- Essen (*lokma*)wird verteilt, gesegnet und nach dem Erzielen des Einvernehmens eingenommen.
- Der Geistliche trägt am Ende des Essens eine Fürbitte vor.
- Die Stelle des *post* wird symbolisch gekehrt und aufgeräumt.
- Das Licht wird zu Ruhe (*dinlendirme*) gebracht. (Das Wort „auslöschen" wird dafür nicht benutzt. Das Licht symbolisiert die Ewigkeit, von daher es wird nicht gelöscht sondern zur Ruhe gebracht.)
- Der Geistliche erklärt das Ende des Gottesdienstes und wünscht allen „ein gesegnetes Wiedersehen"

Wie schon angesprochen hat der *Cem*-Gottesdienst neben dem Gebetsvollzug auch andere wichtige Komponenten. Es sind: die Vermittlung der alevitischen Lehre, Bewahrung bzw. Wiederherstellung der Harmonie in der Gemeinde durch das Erzielen des Einvernehmens, Förderung der Solidarität durch die Bildung der Weggemeinschaften unter den Familien, Erlösen der Seele der „zu Gott Gegangenen" und Verhängung von Sanktionen gegen begangenes Unrecht durch die öffentliche Beichte bzw. gemeinschaftliche Urteilsbildung. Im Zentrum des Halbkreises *dâr-ı Mansur*[69] wird Recht gesprochen. Dort müssen die Gläubigen, die sich etwas zu Schulden haben kommen lassen, in gebeugter Haltung vor der versammelten Gemeinde Rechenschaft ablegen und eine angemessene Strafe entgegennehmen.

Unten werden die bekannten Arten des Gottesdienstes kurz dargestellt[70]:

1. ***Cem-Gottesdienst zum Belehren und Lernen (irşad cemi):***
Hier werden die beteiligten Jungen und Mädchen über den Ablauf und über die 12 Dienste während des Cem-Gottesdienstes informiert. Sie lernen Fürbitten und bestimmte Verhaltensweisen während des Cem-Gebets.

2. ***Cem-Gottesdienst zur Weggemeinschaft (musahiplik cemi):***
Um die Weggemeinschaft unter zwei Familien zu beschließen, ist ein Cem-Gottesdienst mit großer Beteiligung der Gemeindemitglieder nötig. Nachdem beide Familien ein Jahr lang eine Probezeit bestanden haben, bereiten sie einen Gottesdienst unter Leitung des Geistlichen (*dede* oder *pir*) für die Gemeinde vor. Die Paare legen in Begleitung des Wegweisers gemeinsam vor der Gemeinde ein Gelübde ab. Sie versprechen in Zukunft wie Geschwister füreinander einzutreten.

Die Formulierung für dieses Gelübdes lautet:

*„**Dede:** Hü, Weggefährten der Erkenntnis! Woher kommt ihr, wohin geht ihr?*

Der Wegweiser und vier Kandidaten zur Weggemeinschaft: Wir kommen von der Erkenntnis und gehen zum Geheimnis der Wahrheit.

***Dede:** Das könnt ihr nicht. Es ist dort Winter. Es gibt unwegsame hohe Berge, tiefe Flüsse. Ihr könnt die Hindernisse nicht überschreiten und die Fluten nicht durchqueren. Die Hindernisse sind sehr groß und die Bedingungen sehr schwer. Eine Kichererbse aus Eisen könnt ihr nicht essen und ein Hemd aus Feuer nicht anziehen. Komm nicht, komm nicht! Wenn ihr kommt, kehrt nicht um! Wer kommt, verliert seine Habe, wer umkehrt aber sein Leben. Ihr solltet eher sterben, als dass ihr euer Gelöbnis leichtfertig abgebt! Wenn ihr aber es abgebt, dann solltet ihr eher sterben, als dass ihr ihm untreu werdet! Das ist der Stand der Dinge, ich will es euch gesagt haben, meine Kinder.*

***Die Weggefährten antworten:** Mein Pir, wir sind gekommen im Glauben an die Gemeinschaft und an die Einheit Gottes, wir haben den Weg Muhammed-Alis eingeschlagen und uns dem Hohen Herrn, Hacı Bektaş Veli angeschlossen, um zur Gemeinde Muhammeds zu gehören, Diener Gottes und Schüler des Heiligen Hüseyin zu werden. Wir sind im Glauben und Vertrauen an die genannten Personen gekommen. Wir würden nicht umkehren. Wir stehen vor euch mit barem Haupt und bloßen Füßen. Unser Innerstes liegt offen vor Gott(Hak) und wir demütigen uns in den Staub. Was der Pir uns empfiehlt, nehmen wir — Gott dankend — an und wollen weiterhin vor Gott so offen bleiben. Wir wissen uns ganz und gar abhängig von der Liebe von Hak Muhammed Ali und wir wissen um die Schwierigkeiten den rechten Weg zu ihnen zu verfolgen. Wir glauben und haben das Glaubensbekenntnis abgelegt. Wir stehen gemeinsam vor euch.*

Dede: Bei Gott meine Schüler, eure Gelöbnis möge euren Glauben immer begleiten! Gott möge dafür sorgen, dass wir alle nicht vom rechten Weg abkommen."[71]

3. **Cem-Gottesdienst zur Klärung und Beseitigung von Konflikten (görgü, dara çekme)**:

Bei diesem Cem-Gottesdienst werden alle Konflikte zwischen den Gemeindemitgliedern erörtert. Solche Rechenschaft (*görgü*) ist aufgrund des Alevitischen Gebots für jeden einmal im Jahr in einem Cem-Gottesdienst notwendig, bei dem alle Glieder der Ortsgemeinde anwesend sein sollen. Aleviten glauben: „Gott sagt: *Kommt zu mir nicht mit Ungerechtigkeit gegenüber den Menschen. Ihr sollt es untereinander regeln und erledigen*". In diesem Gottesdienst werden die gegenseitigen Vorwürfe und Beschwerden offen gelegt bzw. eigenes Fehlverhalten von Betroffenen selbst offenbart. Die Familien in den Weggemeinschaften verantworten ihr Verhalten gegenüber der Gemeinde gemeinsam. Sie stellen sich in der Mitte auf und verlesen folgende Fürbitte:

„Im Namen des Schahs[72]*. Allah, Allah. Gläubige, vor euch dem Gericht Muhammed Ali und dem Pir ergebe ich mich und stelle mein auf Ego an den Pranger. Meine Seele opfere ich, mein Leben biete ich dar. Wenn es eine/n Schwester/Bruder gibt, die/der durch meine Seele verletzt, verärgert oder beleidigt wurde, so soll sie/er vortreten, sich äußern und ihr/sein Recht fordern. Allah, Allah, Hu für die reine Wahrheit!"*

Verfehlungen werden bestraft und die Beteiligten werden miteinander versöhnt, indem der Schuldige einen Ausgleich für die Gemeinde bzw. an die Betroffenen leistet.

Im Alevitentum heiß diese Rechenschaft „*ölmeden önce ölmek*", so viel wie „vor dem Sterben (den Leidenschaften) sterben". D.h. die Sünden und Fehltritte müssen im *Cem*-Gottesdienst durch die Rechenschaft abgestorben bzw. wiedergutgemacht worden sein. Die Strafen werden vom *dede*-Geistlichen vorgeschlagen und gemeinsam und offen festgelegt. Die schwerste Strafe wird für sittliches Verderben (*düşkünlük*)[73] verhängt. Der Betroffene wird von der Gemeinschaft für eine begrenzte Zeit (1, 3 oder 10 Jahre) ausgeschlossen.

4. **Cem-Gottesdienst zum Gelöbnismahl bzw. zum Erlösen vom Leiden am Galgen**[74] **(lokma cemi/ dardan indirme cemi)**:

Dieser Gottesdienst wird abgehalten, um ein aus einem bestimmtem Anlass versprochenes Opfer in der Gemeinde anzubieten. Absicht ist dabei, das Einvernehmen mit allen Gemeindemitgliedern zu erneuern und sich unter den Segen von *Allah Muhammed Ali* zu stellen.

Ein anderer Anlass für diesen Gottesdienst ist die Einjahres-Andacht für Verstorbene. Am 40. Tag nach dem Tod oder spätestens zum Jahrestag wird für den Verstorbenen in der Gemeinde gebetet. Dabei soll für die Seele der Verstorbenen das Einvernehmen mit den Gemeindemitgliedern erzielt werden. Die Hinterbliebenen haben in einem Jahr genug Zeit und Möglichkeit, eventuelle Streitigkeiten und Schulden des Verstorbenen auszugleichen. Die Hinterbliebenen recherchieren in dieser Zeit, ob jemand mit dem Verstorbenen Streit hatte, und versuchen dies wieder gut zu machen. Am Ende wird ein Cem-Gottesdienst mit Versöhnungsmahl organisiert. Die Gemeinde betet dafür, dass die Seele von Streitigkeiten und Schulden befreit wird.

5. ***Gottesdienst zum Andenken an Abdal Musa (Abdal Musa Cemi)***:
Abdal Musa Sultan war ein Schüler von *Hacı Bektaş Veli*. Er ist unter den Aleviten durch seine außergewöhnlichen Fähigkeiten bekannt. Insbesondere im Westen und Osten der Türkei organisieren die Aleviten (*Tahtacı und Çepni*) donnerstagsabends Zusammenkünfte, in denen keine Rechenschaft abgelegt und keine Weggemeinschaft geschlossen werden, sondern in denen kleine Konflikte und Unstimmigkeiten erörtert und beseitigt werden. Zu Begleitung von Saz-Instrumenten werden alevitische Lieder gesungen und *Semah*-Rituale abgeführt. Am Ende wird ein gemeinsames Mahl (*lokma*) gehalten.

6. ***Cem-Gottesdienst zum Andenken an Hızır [75](Hızır cemi)***:
Aleviten glauben daran, dass die Heiligen Brüder *Hızır(arabisch al-Khidr)* und *Ilyas(arabisch Elias)* als Propheten gelebt und das sogenannte „Wasser der Unsterblichkeit" getrunken haben. Nach diesem Glauben kommt *Hızır* auf dem Land und *Ilyas* auf dem Meer zur Hilfe. Sie sind bereit, diejenigen zu retten, die in Not geraten sind und „vom ganzen Herzen" um Hilfe rufen. Sie bringen den Menschen Glück und Wohlstand. Aus diesem Glauben heraus fasten die Aleviten in der zweiten Februarwoche drei Tage lang und veranstalten am Ende des Fastens einen Cem-Gottesdienstes mit einer besonderen *Hızır*-Liturgie. Unter manchen Aleviten wird das Abdal Musa-Gottesdienst auch als *Hızır*-Gottesdienst bezeichnet.

Die 12 Imame

Im Gegensatz zu den von den schiitischen Machthabern im Iran unter Berufung auf die 12 Imame praktizierten Gewalttaten gegen Andersdenkende und Andersgläubige impliziert die Verehrung der 12 Imame für die Aleviten einen eindringlichen Appell an die Gläubigen, gegen Ungerechtigkeit und Willkür Widerstand zu leisten. Vor diesem Hintergrund ehren Aleviten die 12 Imame im Gottesdienst durch Lieder (*duvaz-ı imam*) [76]. Sie ehren sie als Nachkommen von Ali und Fatima, der Tochter von Mohammed. Die 12 Imame gelten den Aleviten als schuldlose Personen, die die wahre Lehre vertraten ihr

Leben danach ausrichteten und sie an die Gemeinde vermittelten. Aleviten glauben an eine von Gott gewollte Kraft, die durch die 12 Imame verkörpert wird. Nach diesem Glauben verfolgten die 12 Imame das Ziel, dass auf Erden die Gerechtigkeit und nicht die Tyrannei herrschen solle. Insbesondere derdritte Imam *Hüseyin* spielt wegen seiner beharrlichen Haltung gegenüber der Ungerechtigkeit eine herausragende Rolle in der alevitischen Erziehung: Er ist das Vorbild für Gerechtigkeit.

Im folgenden werden die Imame, die von den Aleviten verehrt werden, kurz vorgestellt:

1. *Ali* (599–661) [77]
2. al-Hasan (türk. *Hasan*, 624–670), „der Auserwählte", ältester Sohn Alis und Fatimas, er verzichtete 661 auf das Kalifat, lebte in Medina und wurde 670 vergiftet.
3. al-Husain (türk. *Hüseyin*, 626–680)[78]
4. Ali (türk. *Zeynel Abidin*, 659–713), Sohn von Husain, überlebte das Massaker von Karbala, Beiname Zain al Abidin(Zierde der Gottesdiener),
5. Mohammad (türk. *Bakır*), Sohn von Ali (*Zeynel Abidin*), Beiname el Bakir „Öffner des Wissens", 733 vergiftet
6. Dschafar as-Sadiq (türk. *Cafer-i Sadık*, 702– 765), Sohn Mohammads, „der Aufrichtige", verzichtete auf das Kalifat, begründete die dschafaritische Rechtsschule, die das Alevitentum überwiegend beeinflusste.
7. Musa-al Kazim (türk. *Musa Kazım*, 745–799), „der Sich-Beherrschende"wurde vom Kalifen Harun ar-Raschid in Haft gehalten und in Kazimain/ Bagdad vergiftet.
8. Ali ar-Rida (türk. *Ali Rıza*, 765–818),) „der (Gott) Wohlgefällige", wurde vom Kalifen al-Mamun in Merv zum Nachfolger bestimmt, starb 818 durch Gift in Tus.
9. Mohammad al-Dschawad at-Taki (türk. *Muhammet Taki*, 811–835), „der Großmütige", zunächst in Medina, dann 835 durch den Kalifen al-Mutasim nach Bagdad verschleppt und in Kazimain gestorben.
10. Ali al-Hadi an-Naqi (türk. *Ali Naki*, 828–868), „der Rechtgeleitete", vom Kalifen al Mutawakkil nach Samarra verschleppt und 868 ermordet.
11. Al Hasan (türk. *Hasan Askeri*, 854–874), musste in Heerlager (askar) des Kalifen leben, daher der Beiname al-Askari, wurde 874 in Samarra ermordet.
12. Muhammad (türk. *Muhammet Mehdi*, 869–?), nach der Legende vom Vater al-Hasan (*Askeri*) bis 874 nach der Geburt versteckt, hält sich verborgen, wird eines Tages als Mahdi „der Rettende" wieder zurückkommen.

12 Dienste im *Cem*-Gottesdienst

Der *Cem*-Gottesdienst wird in der Gemeinde gemeinsam vorbereitet. Im Laufe der Geschichte entwickelte sich ein System von Diensten, die im Cem verrichtet werden. Es sind immer 12 Dienste, die symbolisch unter den Namen alevitischer Gelehrte und heiliger Persönlichkeiten verrichtet werden. Die Zahl 12 symbolisiert die 12 Imame, die für die Aleviten als schuldlos und sündenlos gelten. Jedoch sind diese Dienste nicht einzelnen Imamen zugeordnet, sondern stehen stellvertretend für Geistliche. Manche Dienste im Gottesdienst werden durch mehr als eine Person übernommen. Die Personen, die diese Dienste ausüben, übernehmen die Verantwortung zu Beginn des *Cem*-Gottesdienstes mit festgelegtem Gebet und Ritualen. Der Geistliche selbst übernimmt seine Rolle als Leiter durch ein liturgisches Gebet vor der Gemeinde und mit deren Einverständnis.

Im Folgenden werden 12 Dienste, die im Gottesdienst verrichtet werden, kurz vorgestellt:

1. Der *Pir/dede* (Geistlicher, der symbolisch den Heiligen Ali vertritt) leitet den *Cem*-Gottesdienst bzw. auch die Geistliche (*ana*) kann den Gottesdienst leiten.
2. Der *Rehber* (Wegweiser, Begleiter) unterstützt den *dede* und begleitet Laien z. B. die Personen, die in eine Weggemeinschaft eingehen wollen.
3. Der *Gözcü* (Ordner) sorgt für Ordnung während des *Cem*-Gottesdienstes.
4. Der *Çerağcı/delilci* (Zünder des Lichts) entzündet das symbolische Licht und sorgt für die Beleuchtung des *Cem*-Hauses.
5. Der *Zakir* (*Saz*-spieler) spielt das *Saz*-Instrument und singt religiöse Lieder während des *Cem*-Gottesdienstes.
6. Der *Ferraş/süpürgeci* (Reinigungsdienst) ist verantwortlich für die symbolische Reinigung der *Cem*-Fläche, auf der die Rituale, wie Semah, ausgeführt werden.
7. Der *Sakka/sucu* (Wasserverteiler) sorgt für das Wasser und andere Getränke und organisiert das symbolische Händewaschen.
8. Der *Sofracı/kurbancı* (Tafeldiener / Schächter des Opfertieres) ist verantwortlich für die Küche und die gleichmäßige Verteilung des Mahls.
9. Der *Pervane/semahçı* ist zuständig für den reibungslosen Ablauf von *Semah*-Ritualen.
10. Der *Peyik* (Bekanntmacher) macht den *Cem*-Gottesdienst bei den Gliedern der alevitischen Ortsgemeinde bekannt.
11. Der *İznikçi* (Reinigungsdienst) sogt für die Sauberkeit im Gemeindehaus nach dem *Cem*-Gottesdienst.

12. Der *Bekçi* (Wachmann) hält eine symbolisch Wache im Wohngebiet während des *Cem*-Gottesdienstes, der in der Türkei während der osmanischen Herrschaft oft gestört wurde.

Rechenschaftsposition im *Cem*-Gottesdienst (*dâra durmak*)

Ein wichtiger Teil des Cem-Gottesdienstes besteht darin, Rechenschafts abzulegen. Dieses Ritual wird in der Mitte des Gottesdienstraums vollzogen. Dabei kann jedes Gemeindemitglied selbst in die Mitte kommen und Rechenschaft ablegen oder es kann auf Wunsch eines Gemeindeangehörigen durch den Geistlichen aufgefordert werden, Rechenschaft abzulegen. Gegebenenfalls kann diese Person dann zur Rechenschaft gezogen werden. Die gängige Position, in der Rechenschaft abgelegt wird, heißt *dâr-ı Mansur*. Der *Hallac-ı Mansur* war ein berühmter Mystiker. Er wurde wegen seiner bewusst missverstandenen Äußerungen zum Einswerden von Menschsein und *Hak* (*en-el Hak*) durch ein islamisches Gericht als Gotteslästerer beschuldigt, zum Tode verurteilt und im Jahre 922 in Bagdad gehängt. Hallac-i Mansur gilt als einer der Gründer der alevitischen Glaubenslehre. In verehrender Erinnerung an *Hallac* nennen die Aleviten die Haltung einer Person bei der Ablegung von Rechenschaft „*dâr-ı Mansur*". Die betreffende Person beugt sich vor dem Geistlichen und geht in die Mitte des Raums, steht etwas nach vorne gebeugt und legt die Hände gekreuzt auf die Brust. Der rechte Fuß wird dabei halb auf den linken Fuß gelegt. Diese Fußposition (*dâr-ı Hüseyin*) ist auf dem Heiligen Hüseyin bezogen. Außerdem gibt es andere Positionen, wie mit dem Gesicht den Boden berühren (*dâr-ı Fazlı*) oder knien (*dâr-ı Nesimi*).

Bedeutung des Saiteninstrumentes *Saz* im Gottesdienst

Das *Saz* ist ein türkisches Saiteninstrument mit sechs Saiten, dessen Klangkörper aus einem Stück Holz hergestellt ist. Es besteht aus Kastanien- oder Maulbeerholz. Zu ihm gibt eine kleine Variante mit dem Namen „*cura*" und eine größere mit dem Namen „*bağlama*". Das Saz-Instrument spielt im Gottesdienst eine besondere Rolle: Die Aleviten nennen das *Saz* auch den „*Koran mit Saiten*" oder den „*sprechenden Koran*". Der Saz-Spieler (*zakir*) begleitet auf seinem Instrument und mit seinem Gesang den gesamten *Cem*-Gottesdienst insbesondere die *Semah*-Rituale.

Bedeutung des *Semah*-Rituals im Gottesdienstes

Das *Semah*-Ritual ist Bestandteil des *Cem*-Gottesdienstes. Mit dem *Semah*-Ritual wird der Tanz der Vierzig Heiligen während der Himmelfahrt Mohammeds simuliert und die Leiden der Zwölf Imame in Erinnerung gebracht. Dabei werden während des Tanzes immer wieder symbolische Handlungen vollzogen, die erst durch das Zusammenwirken aller am Ritual Beteiligten ihre Bedeutung gewinnen und in allen alevitischen Gemeinden verstanden werden, wenn diese auch noch so weit von einander entfernt sind. So ist *Semah* eine rituelle Sprache, die von allen Aleviten verstanden wird, auch wenn sie unterschiedliche Muttersprachen sprechen.

Semah-Ritual während der Feier zur Andacht von Hacı Bektaş Veli in Hacıbektaş.
Foto: AABF-Archiv.

Die Bewegungen im *semah* sind Ausdruck von Erfahrungen aus der langen schmerzlichen Geschichte der alevitischen Glaubensgemeinschaft. Dabei steigern sich Emotionen und Ergriffenheit so sehr, dass sie nicht wie in der gewöhnlichen Volksfrömmigkeit zu einer ekstatischen Bewusstlosigkeit von Sufis führen. Vielmehr wird der Geist durch minutiöse Beachtung kontrollierter Bewegungen in einem Zustand besonderer Klarheit geführt, der sich auf Verstand und Körper so stark auswirkt, dass am Ende alle drei Bereiche (Geist, Verstand und Körper) zu einem bewusstseinsintegrierenden Einssein geführt werden.

Während der *Semah*-Rituale symbolisiert das Zentrum des von den Teilnehmern gebildeten Kreises die Welt. Die zentralen Themen der *semah*-Rituale „Welt", „Licht" und „Liebe" werden symbolhaft dargestellt und in dem begrenzten Raum hinein strukturiert.

> *„In mich passen zwei Welten,*
> *in nur eine passe ich nicht.*
> *Ich bin eine freie Seele,*
> *in Ort und Körper passe ich nicht gleichzeitig.*
> *Sei still und bleib zurück,*
> *denn auch in Worte passe ich nicht. "*

Durch das „Stampfen" beim *Semah* möchten sich die Beteiligten von den Begrenzungen der Welt befreien. Symbolhaft vollziehen sie in drei Schritten die Reise von Mohammed in den Siebten Himmel (*miraç*):

- Der erste Schritt führt aus der Welt und misst von Mekka nach Jerusalem.
- Der zweite Schritt führt aus dem Jenseits und misst vom Himmel bis zur Hölle.
- Der dritte Schritt führt zu Gott.

In einer Position, die der der Rechenschaftslegung entspricht und zugleich die Bereitschaft ausdrückt, zu Gott zu gelangen, überkreuzen die beteiligten Frauen und Männer die Arme vor der Brust und bedeckt den großen linken Zeh mit dem rechten.

Diese drei Schritte, die Ehrerbietung (*niyaz*) gegenüber dem anderen Tänzer sowie gegenüber dem *post* sollen rituell die große Welt in den kleinen Raum des *Cem*-Hauses tragen. *Niyaz* wird vollzogen, indem die Beteiligten mit überkreuzten Armen oder mit der rechten Hand auf der Brust, die Schulter oder das Gesicht eines anderen mit dem eigenen Gesicht berührt. Damit wird die folgende Bedeutung verbunden: *„In welche Richtung du dich auch bewegst, dort findest du Gott".*

Pençe-i Âl-i Abâ, *symbolische Darstellung des* Ehl-i Beyt *(Prophetenfamilie Muhammeds; dazu gehören:* Muhammed, Ali, Fatma, Hasan, Hüseyin*). Aus: „Hoş Gör Yâ Hü", Istanbul 1999. YKY.*

Im *Semah* hat die Hand eine zentrale Bedeutung. Sie gestaltet den Tanz von Anfang bis zum Ende. Denn die Hand ist ein Instrument, das Gedanken ausführt. Die Hand hatte für den Heiligen Ali und auch für Fatima (Tochter von Mohammed und die Frau von Ali) eine wichtige Bedeutung: sie schützt und gestaltet zugleich.

Der Hand begegnet man auch beim *Cem* der Vierzig während der Himmelreise von Mohammed. Der Handrücken symbolisiert das Klare, das Deutliche (*zahir*), die Handinnenfläche steht für das Verborgene, das Innere (*batin*). Man sieht auf die Handinnenfläche, um das Verborgene vielleicht zu erkennen. Auch als Spiegel vor das Gesicht gehalten symbolisiert die Hand Einsicht und Erkenntnis ins Innere des eigenen Ichs.

Diejenigen, die beim Semah mittanzen, binden sich einen grünen oder roten Gürtel (*gayret kuşağı*) um. Dieser Gürtel bezieht sich auf die vierzig Streifen des Turbans von Mohammed.

Der *Semah* darf nur aus freiem Willen erfolgen. Zwang löscht seine Bedeutung aus. Auch aus Gefälligkeit kann es keinen *Semah* geben. Generell kann *Semah* im *Cem*-Gottesdienst, aber auch in vertraulichen Treffs (*Muhabbet*) ausgeführt werden.

Kalkın semaha dönelim
Biz bu ceme geldik yine
Allah Allah diye diye

Aşık olan çalsın sazı
Aysın cümlemizin özü
Hak affetsin cümlemizi
Kalkın semah(a) dönelim

Garibim döndüm şaşkına
Hak yardım etsin düşküne
Gönüldeki dost aşkına
Kalkın semah(a) dönelim

    Wir kommen zum Cem-Gebet
    Rufend Allah, Allah

    Der Aşık[79] soll saz spielen
    Damit unsere Seele erwacht.
    Gott soll uns alle begnaden
    Steh auf, wir begeben uns zum Semah

Ich bin ein Bescheidener Garip und hilflos
Möge mein Gott allen Hilfsbedürftigen helfen
Um der Liebe willen, die im Herzen wohnt
Steh auf, wir begeben uns zum Semah.

Aşık Garip
Übersetzung: Ismail Kaplan

Opfer (*kurban*) im Alevitentum

Im Alevitentum hat der Begriff Opfer *kurban* zwei unterschiedliche Bedeutungen: die Leistung eines Versprechung und ein Opfertier.

1. Im Alevitentum bedeutet das Opfer, dass wer ein Opfer gibt sich einer Sache widmet. Persönlicher, mit Verzicht und Entsagung verbundener Einsatz für die Sache des alevitischen Glaubens wird als eine wichtige Aufgabe angesehen. Das Ego, das auf dem mystischen Pfad geopfert (besiegt) werden soll. Dabei spricht die Personen folgenden Spruch aus: *„Meine Seele opfere ich, mein Leben biete ich dar"*. Es geht hier nicht um ein Tieropfer, sondern um Opferung der Möglichkeiten einer Person zum einen gemeinschaftlichen Zweck: Z.B. beim Bau eines *Cemevis*, höhere Beiträge für die Ausbildung alevitischer Lehrer und Theologen oder Verzicht auf Freizeit zu Gunsten der Unterrichtung alevitischer Kinder.

2. Aus verschiedenen Anlässen kann eine Person oder eine Familie ein Opfertier in der Gemeinde darbringen: Z. B. aufgrund einer Versprechung oder aufgrund des Jahresgedenkens von Verstorbenen. In gewissen Teilen des alevitischen Volksglaubens halten sich immer noch Vorstellungen, denen zufolge die Seele des geopferten Tiers in einen neu geborenen Menschen übergeht und damit von einer Tierseele in dem höheren Status eine Menschenseele übergeht. Beim Schächten des Opfertiers trägt der Schächter (*kurbancı*) folgendes Gebet vor: *„Auf die Ordnung von Allmächtigen, auf die Opferung von (Prophet) Halil und von (Prophet) Ismail, zum Weg von Cebrail, zur Liebe Allah. Allah ist groß, Allah weiß, Allah sei Dank, mein Schah(Allah) erlaube mir (diesen Opfer darzubringen), Ya Allah, Ya Muhammed, Ya Ali"*
Das Tieropfer, das im Rahmen eines Gottesdienstes (*lokma cemi*) geschächtet wird, um ein religiöses und soziales Versprechen einzulösen. (*adak kurbanı/ Tieropfer zum Gelöbnis*). Im Alevitentum gibt es folgende Arten von Tieropfer:

- Das Tieropfer aus Anlass des Eingehens auf einer Weggemeinschaft (*ikrar verme kurbanı/ Tieropfer zur Versprechung*)
- Das Tieropfer das von einem Teilnehmer für die Reinheit seiner eigenen Seele im Gottesdienstes geopfert wird. (*ölmeden önce ölme kurbanı/ Tieropfer zum Sterben vor dem „zu Gott gehen"*)
- Das Tieropfer, das zur Rettung der Seele von Verstorbenen am 3. oder 7. oder 40. Todestag geopfert wird. (*can kurbanı/ Tieropfer zum Erlösen der Seele vom Leiden am Galgen*)

Gelöbnismahl (*lokma*)

Zum Abschluss jedes Gottesdienstes wird das Opfermahl vollzogen. Dazu bringen die Teilnehmerinnen und Teilnehmer Speisen und Getränke mit. Der *Lokmacı* (der/die Verantwortliche/r für die Verteilung des Opfermahls) sorgt dafür, dass jeder die gleiche Menge an Essen bekommt. Nach der Verteilung fragt der *lokmacı* die Teilnehmerinnen und Teilnehmer, ob jede/r mit ihrem/seinem Anteil einverstanden ist. Dazu sagt er den folgenden Spruch:

> *„Zum Cem kam Gottesgabe.*
> *In der Hand habe ich keine Waage.*
> *Seid ihr mit eurem Anteil einverstanden?"*

Diejenigen, die nicht einverstanden sind, werden nach dem Grund gefragt und werden zum zufrieden gestellt. Das gemeinsam vorbereitete Essen (*lokma*) wird als Zeichen der Einheit und Solidarität zum Ende des Gottesdienstes gleichmäßig verteilt und gegessen.

Güzel aşık cevrimizi
Çekemezsin demedim mi?

Du, Liebhaber Gottes aşık
Du kannst unsere Last nicht ertragen
Habe ich es dir nicht gesagt?
Das ist eine Mahl zur Versöhnung
Du kannst es nicht essen.
Habe ich es dir nicht gesagt?

Diejenigen, die dieses nicht vertragen, bleiben blind,
Aus ihren Augen tropfen Tränen
Das ist ein Beicht-Getränk
Du kannst es nicht merken.
Habe ich es dir nicht gesagt?

Als Derwisch zu leben, ist ein Wunsch,
Für den, der ihn hat, kann übermächtig werden.
Das Derwischtum ist wie ein Hemd ohne Kragen und Naht
Es steht nicht in deiner Macht, es anziehen
Habe ich es dir nicht gesagt?

Pir Sultan Abdal
Übersetzung: Ismail Kaplan

Gesegnetes Wasser (*sakka suyu*)

Vor der Mahlzeit wird das Wasser (*sakka suyu*) durch den Geistlichen gesegnet und symbolisch unter den Gemeindemitgliedern verteilt. Dies ist die Aufgabe des *Sakka* (des Verantwortlichen für die Verteilung der Getränke). Das Friedenswasser (*sakka suyu*) wird von allen Beteiligten als Zeichen des Einvernehmens und der Versöhnung ins Gesicht aufgetragen. Während des Mahls werden Getränke verteilt. Das verteilte Getränk nennt man „*dolu*". *Dolu* stammt aus der türkischen Sprache und bedeutet wörtlich „voll" oder „gefüllt". In der Cem-„Sprache" bedeutet das Wort jedoch „ein Glas gefüllt mit einem Getränk". Das kann Wasser, aber auch Traubensaft, Wein oder Schnaps sein. Die Praxis in der Cem-Zeremonie ist in den verschiedenen Regionen unterschiedlich. In manchen Gemeinden wird der Wein genommen während in anderen Gemeinden kein Alkohol getrunken wird. Für „*dolu*" wird auch das Wort „*dem*" verwendet.

Die *dolu*-Verteilung hat traditionell mit der Versammlung der vierzig Heiligen zu tun. Danach wurde Mohammed in der Versammlung eine Traube gegeben, die zerdrückt wurde und deren Saft dann gleichmäßig an die Vierzig als Getränk verteilt wurde[80].

Fürbitte (*Gülbenk*)

Während des Gottesdienstes trägt der Geistliche (*dede*) mehrere Gebete vor. Es gibt zu jedem Anlass eine spezielle Fürbitte. Jedoch gibt es Elemente, die in jeder Fürbitte vorkommen. Jeder *Gülbenk* fängt mit dem Ausruf „*Allah, Allah*" oder „*Bismi Şah*" an und endet mit „*Allah, eyvallah*".

Das folgende Gebet wird häufig vorgetragen:

„Allah, Allah! Die Abende mögen segensreich sein, gute Taten mögen ruhmreich sein, Übles möge verschwinden. Gottesleugner und Heuchler mögen untergehen. Den Gläubigen möge Freude zuteil werden. Die Versammlungsstätten mögen blühen. Die Geheimnisse mögen offenbart werden. Hak-Muhammed-Ali möge uns beistehen. Die Zwölf Imame, die Vierzehn Unschuldigen[81] und die Siebzehn Gegürteten[82] mögen uns nicht aus ihrem Gefolge verbannen. Unser Pir Hünkar[83] Hacı Bektaş Veli möge unser Helfer und Unterstützer sein. Allah möge uns vor den Übeltaten der Feinde beschützen. Beschere uns vom Himmel segensreiche Gnade und von der Erde segensreiche Fruchtbarkeit. Lass uns auf die Hilfe eines Feiglings angewiesen sein. Nimm unsere Opfergaben an. Rechne das Opfermahl als eine gute Tat an. Unglück, Katastrophe und Unheil mögen von uns abgewendet werden. Wir tragen es vor, es ist das Licht des Propheten, die Güte Alis, das Gebet der Heiligen, das Werk des Hünkar Hacı Bektaş Veli. Hü, für die wahren Gläubigen!"[84]

Dialog aus der Sicht der Aleviten

Im alevitischen Gebetbuch *„Buyruk – das Gebot"* wird mehrfach und mit Betonung formuliert: „Betrachte 72 Volksgruppen bzw. Religionsgemeinschaften als gleichberechtigt." (*72 millete bir nazarla bak.*). Die Zahl 72 steht hier als Synonym für „alle" und hat mit dem „72 Sekten im Islam" nicht zu tun. Der aus dem arabischen ins türkische aufgenommene Begriff *„millet"* bedeutet sowohl die Ethnie als auch die Religionsgemeinschaft.

In dieser Formulierung erkennen Aleviten die gleichberechtigte Koexistenz der Völker bzw. Religionsgemeinschaften an.

Zum Bekenntnis der Aleviten gehört der Glaube an Gott, der sich in seinem vollkommensten Geschöpf, dem Menschen als heilige Kraft manifestiert. Aus diesem Grund gebührt dem Mitmenschen Respekt und Achtung. Der Mensch ist nicht Sklave Gottes, sondern sein selbstverantwortliches Geschöpf. Daraus ergeben sich Werte wie Solidarität und soziale Gerechtigkeit. Die religiös begründete ethische Leitlinie orientiert sich daran, den inneren Frieden der Gemeinschaft zu wahren und ihren Bestand und möglichst auch ihre Geschlossenheit zu sichern.

Diese Leitlinie hat einen gewichtigen Platz im alevitischen Wertesystem gefunden. Das alevitische Wertesystem „Vier Tore und Vierzig Stufen" hat zur Toleranz folgende Aussage: Das 4. Tor (*hakikat*), 1. Stufe besagt *bescheiden sein, alle Menschen achten und ehren, 72 Glaubensgemeinschaften als gleichberechtigt anerkennen*. Das ist vergleichbar mit dem Konzept der versöhnten Verschiedenheit im Christentum, die im Rahmen der ökumenischen Begegnung angesprochen wird.

Ein alevitisches Sprichwort besagt das gleiche mit folgender Formulierung „Akzeptiere alle Geschöpfe des Schöpfers wegen." (*Yaratılanı hoş gör, yaratandan ötürü*).

Zur Toleranz sagt der Heiliger Hacı Bektaş Veli im 13. Jh.: *„incinsen de incitme!"* und bedeutet etwa: Auch wenn Du beleidigt wirst, beleidige niemals!

Der türkisch-alevitische Dichter und Mystiker *Yunus Emre* formulierte im 13. Jh. die tolerante Haltung wie folgt:

Adımız miskindir bizim
Düşmanımız kindir bizim
Biz kimseye kin tutmayız
Kamu alem birdir bize.

Sie nennen uns Ergebende,
Wir haben nur einen Feind, den Hass
Wir hassen niemanden,
Alle sehen wir als Gleiche und in Einheit.

Yunus Emre
Übersetzung: Ismail Kaplan

Der Gelehrte (*mürşit*) weist bei der Aufnahmezeremonie der Aleviten in die Gemeinde daraufhin, dass Gott den Menschen beauftragt hat, den ihnen gegebenen Verstand zu gebrauchen, um mit Gottes Schöpfung pfleglich umzugehen. Der Mensch ist das einzige Geschöpf, das diese Aufgabe durch seinen Verstand als Gottesgabe wahrnehmen kann. Einige Aussagen, die bestätigen, wie sehr das alevitische Wertesystem die Toleranz betont und fordert:

Die 8. Stufe des ersten Tors: *şefkatli olmak*: Das heißt, alle Geschöpfe sollen liebevoll behandelt werden und allen soll Fürsorge gezeigt werden.

Die 10. Stufe des zweiten Tors heißt: Die Umwelt schützen und schonen. Die alevitische sinnstiftende Deutung schafft durch das harmonische Einssein Hoffnung auf Frieden unter allen Geschöpfen. Die harmonische Mensch-Welt-Beziehung kann nach alevitischem Schöpfungssinn nur durch die Wahrnehmung der Verantwortung seitens der Menschen erhalten bleiben.

Die 1. Stufe des vierten Tors: alle Menschen gleich behandeln und an die Gleichheit der Menschen glauben: *Tüm insanları bir görmek*. Unabhängig von Religion, Sprache, Rasse und Geschlecht werden alle Menschen als Gleiche gesehen.

Der alevitische Gelehrte (*pir*) erteilt dem Schüler (*talip*) während der Aufnahme in den mystischen Weg u.a. den folgenden Ratschlag (*nasihat*): *„Füge keinem Geschöpf Schaden zu. Beleidige keinen Menschen. Betrachte alle Menschen als gute Wesen, denke nicht hinterhältig."*

Wenn auch nicht durchgehend, so wird diese Haltung überwiegend in der Erziehung vermittelt. Dazu ein Beispiel aus Hamburg: Ein 17jähriges Mädchen wurde in einem Interview nach dem Alevitentum gefragt. Was sie darauf antworten konnte, war: *„Ich kann nicht viel dazu sagen. Im Alevitentum wird gesagt, man soll immer das Richtige und Wahre suchen. Man soll gegenüber allen offen und respektvoll sein"*

Der interreligiöse und interkulturelle Dialog ist aus der Sicht der alevitischen Glaubenslehre ein Gebot und in einer multireligiösen und multikulturellen Gesellschaft eine Notwendigkeit, um ein friedliches Zusammenleben für alle zu schaffen. Unabhängig davon, ob ein Alevit religiös oder nicht religiös ist, so ist er doch immer dazu aufgerufen.

Multiplikatorenschulung im Rahmen des Projekts „Dialoge fördern – Gewalt verhindern"
in der AABF, Foto: Gülümser Keleş.

Richtziele alevitischer Erziehung

Es gibt im Alevitentum keine schriftlich festgelegten normierten Erziehungsziele. Jedoch besteht unter alevitischen Familien Einvernehmen über die wesentlichen Grundlagen der Kindererziehung, wie sie zu Herausbildung alevitischer Identität vom Kindesalter an notwendig und unverzichtbar ist. Ein solches Einvernehmen wurde auch durch eine lokale Umfrage unter 400 Personen weitgehend bestätigt und belegt[85].

1. Widerstand gegen Ungerechtigkeit (haksızlığa karşı gelmek), Aussprache für Gerechtigkeit (haklıdan yana olmak)

Der größte Teil der alevitischen Jugend identifiziert sich mit der Zielsetzung, Widerstand gegen Ungerechtigkeit zu leisten. Bei den alevitischen Jugendlichen ist ihre Liebe zum Heiligen *(Hz.) Hüseyin*[86] und zu *Pir Sultan Abdal*[87] und darauf zurückzuführen, dass sie unter Einsatz ihres Lebens gegen die Ungerechtigkeit kämpften. An Hz. Alis begonnenem Kampf während seiner Zeit als Kalif gegen ungerechte Maßnahmen wird mit folgenden Worten gedacht: *„Verbeugt euch nicht vor Ungerechtigkeit!"* Auch Hz. Alis Sohn, Hz. Hüseyin, hat Ungerechtigkeiten gegen die Familie des Propheten und gegen das Volk, sowie Willkür und Massaker im Namen der Religion, nicht hingenommen. Er hat sich gewehrt und gekämpft. In *Kerbela* hat er sich den Soldaten von Yazid nicht unterworfen, im Gegenteil, er hat bis zuletzt durchgehalten. Die alevitische Tradition, Ungerechtigkeit nicht hinzunehmen, basiert auf der Ermordung *Hz. Hüseyins* mitsamt seiner 72–köpfigen Gefolgschaft. Die Aleviten erinnern sich jedes Jahr an dieses dramatische Ereignis und erziehen ihre Kinder gegen Unrecht und Unterdrückung. Dabei ist wichtig zu erwähnen, dass die Aleviten sich bei dieser Andacht auf keinen Fall selbst verletzen, wie es bei den Schiiten der Fall ist. Aleviten üben weder gegen andere noch gegen sich selbst Gewalt aus.

Diese Tradition wurde in den folgenden Jahrhunderten von *Hallac-i Mansur, Baba Ishak, Seyyid Nesimi, Pir Sultan Abdal* und weiteren Anführern von anatolischen Volksbewegungen wie *Kalender Celebi* weiter gepflegt. Im Besonderen gilt dies für *Pir Sultan*

Abdal, den Dichter und Freiheitskämpfer, der im 16. Jh. gegen die Osmanische Herrschaft kämpfte und in Sivas gehängt wurde. Er widersetzte sich den osmanischen Herrschern mit seinem Saiteninstrument *saz* und wich von seinem Weg nicht ab, obwohl er wusste, dass dies zu seiner Hinrichtung führen würde. Die Widerstandslieder von *Pir Sultan Abdal* wurden seit den 70er Jahren in der Türkei zum Symbol der Jugend und zum Mittel des Kampfes gegen die Ungerechtigkeit.

Der alevitische Grundsatz *„Beherrsche deine Hände, deine Zunge und deine Lenden!"* besagt, dass man nicht unter Einsatz von körperlicher Gewalt oder mit Worten anderen Unrecht tun soll.

Im Alevitentum ist der Grundsatz, niemandem Ungerechtigkeit zuzufügen, nicht nur eine Richtlinie, sondern die Einhaltung dieses Grundsatzes wird von der Gemeinschaft kontrolliert und Verstöße dagegen sanktioniert. Vor dem Gebet wird das Einvernehmen erzielt, wobei der Kläger und der Beklagte zu Wort kommen, und das festgestellte Unrecht behoben wird. Allerdings kann heute in alevitischen Gottesdienste nicht mehr so Recht gesprochen werden, wie es früher in den alevitischen Gemeinden Anatoliens geschah. Auch Aleviten tragen heute die Konflikte in dieser Gesellschaft vor Gericht aus, um zu ihrem Recht zu gelangen. Das Bemühen um Einvernehmen unter Aleviten in ihren Gottesdiensten entspricht dem staatlichen Bemühen, Gerichtsverfahren Moderatoren oder Schlichter vorzuschalten.

Die alevitische Lehre besagt, dass es nicht reicht, selbst kein Unrecht zu tun. Genauso wichtig ist es, gegen Unrecht anzugehen, wo immer man Zeuge von Unrecht wird. So ist es als eine zu beherzigende Forderung in dieser Gesellschaft zu verstehen, zum Beispiel Ausländer, die in öffentlichen Verkehrsmitteln angegriffen werden oder Frauen, die sexuell oder anderweitig belästigt werden, zu Hilfe zu kommen und sie zu verteidigen.

Als Gemeinschaft aktiv Zivilcourage zu zeigen und durch Gewalt bedrohte Personen zu unterstützen, ist ein wichtiges Beispiel für die Forderung, Unrecht zu verhindern. Die alevitische Kindererziehung ist darauf ausgerichtet.

2. Alle Menschen (Rassen, Glauben und Sprachen) als gleichwertig akzeptieren

Das alevitische Menschenbild wird in der Lehre auf verschiedene Weise umschrieben. Einige Sprüche zum Menschenbild der Aleviten sind:
- Meine Kaaba ist der Mensch.
- Was du auch suchst, suche es in dir.
- Wer sein Innerstes kennt, kennt auch Gott.
- Gott ist im Menschen sichtbar.
- Betrachte alle Religionen und Ethnien als gleichberechtigt!

Diese Sprüche zeigen, dass der Mensch in der alevitischen Lehre im Mittelpunkt steht. Die Gleichstellung aller Rassen und Glaubensgemeinschaften, also deren Akzeptanz, ist ein weiterer Grundsatz alevitischer Ethik. Das wird auch durch die Aussage *„Die Vier Bücher (Thora, Talmud, Bibel, Koran) sind Gottesoffenbarungen. Dört kitabın dördü de hak.*" bestätigt. In der alevitischen Lehre werden die eigene Rasse und der eigene Glaube nicht als überlegen angesehen, im Gegenteil, solch eine Haltung wird als Verstoß gegen die Gottesgerechtigkeit strikt abgelehnt.

Jemand der nach dem alevitischen Glauben und Wertesystem erzogen wurde und es verinnerlicht hat, ist für ein rassistisches Verhalten nicht anfällig. Die alevitische Gemeinschaft, deren Prinzip seit Jahrhunderten die Gleichwertigkeit aller Menschen ist, ist auch deshalb von negativen gesellschaftlichen Phänomenen wie Rassismus und Fremdenfeindlichkeit verschont geblieben.

3. Gleichberechtigung von Mann und Frau (*bacı-kardeşlerin birliği*)

Im Gegensatz zu der Glaubensvorstellung des Scharia-Islam ist eine offenkundige Besonderheit der alevitischen Lehre die Gleichstellung von Mann und Frau. Nach alevitischem Glauben hat Gott alle Menschen als gleichwertig erschaffen. Es gibt keinen Grund und keine rechtliche oder religiöse Grundlage für eine Ungleichbehandlung. Die alevitischen Familien erziehen ihre Töchter und Söhne zur Gleichberechtigung. Dieser Aspekt wurde immer schon als wichtig erachtet und vertreten.

Der Grundsatz *„Beherrsche deine Hände, deine Zunge und deine Lenden"* gilt für beide Geschlechter gleichermaßen. So wird bei den Aleviten den Frauen nicht unterstellt, dass sie auf das sexuelle Begehren der Männer provozierend wirken[88]. Deshalb brauchen sich alevitische Frauen auch nicht zu verhüllen und kein Kopftuch zu tragen. Im Gegensatz zu dem traditionellen Islam kennt das Alevitentum keine getrennte Männer- und Frauengesellschaft. Auch die Polygamie ist unter Aleviten verpönt. Diejenigen (Männer), die sich ohne einen akzeptablen Grund von ihren Frauen trennen, werden als ausgestoßen (*düşkün*) bezeichnet und u. U. aus der Gemeinde ausgeschlossen.

Alevitische Familien erachten die schulische und berufliche Ausbildung ihrer Söhne und Töchter als gleichermaßen wichtig. *Hacı Bektaş Veli* sprach eine Empfehlung aus *„Der Weg, der nicht über Wissen führt, führt in die Finsternis"* und *„Bildet eure Frauen."*.

Auch in Büchern wie dem *Buyruk* oder der *Velayetname* ist immer nur von „Geschwistern" (*bacı-kardeş*) die Rede. In der Versammlung der Vierzig Heiligen (*Kırklar Cemi*) vollzogen 17 Frauen und 23 Männer zusammen den rituellen Tanz *semah*.

Die alevitischen Frauen sind je nachdem Mutter, Partnerin, und Schwester. Sie können in allen Lebensbereichen mitbestimmen. Die Kopfbedeckung der Frauen ist kein religiöses Thema. Sie können ohne Kopftuch an den Versammlungen teilnehmen und die 12 Dienste (*12 Hizmet*) verrichten. Frauen können frei ihre Meinung äußern, an den Diskussionen teilnehmen und Kritik üben. In der Geschichte gab es zahlreiche alevitische Frauen als Volksmusikerinnen (*ozan*), Dichterinnen (*şair*) und Geistliche (*anasultan*) für die Gemeinde. In Anatolien haben alevitische Frauen vor osmanischer Zeit einen Verein mit dem Namen „Schwestern im Land der Griechen" (*bacıyan-ı rum*) gegründet, womit sie auch in die politischen Auseinandersetzungen in der Gesellschaft eingegriffen haben. Es gab auch zahlreiche Frauen (*kız bacı, ahi ana, Sakari hatun, Fatma bacı*), die in Anatolien Klöster geleiteten haben.[89]

Heutzutage arbeiten alevitische Frauen verantwortungsvoll in jedem Lebensbereich. Dazu ist es unbedingt notwendig, dass das allgemeine Bildungsniveau alevitischer Mädchen angepasst wird. Die Alevitinnen würden ihren Status in dieser Gesellschaft dadurch verbessern, dass sie sich am Berufsleben beteiligen. Auch die Lösung frauenspezifischer Probleme würd durch die Erhöhung des Bildungsniveaus der Frauen leichter von Hand gehen.

Paar beim semah-*Tanz. Aus: Mehmet F. Bozkurt: Das Gebot. Hamburg 1988. E.B. Verlag Rissen.*

4. Aufteilung der Güter zum Gemeinwohl (*toplumsal paylaşımcılık*)

Wie schon bei der Beschreibung des Gottesdienstes erwähnt, bringt jeder im Gottesdienst irgendetwas Essbares mit, was dort gerecht an alle Gemeindemitglieder und Besucher verteilt wird. Ebenso wurde bereits auf die Institution der Weggemeinschaft hingewiesen und dabei erwähnt, dass ihre Verwirklichung den Verhältnissen in Deutschland angepasst werden muss. Solche Weggemeinschaft wirkt sich, wenn sie konsequent verwirklicht wird, sehr positiv auf die Erziehung der Kinder aus, weil sie sehr früh lernen, die Güter mit anderen Kindern zu teilen. Das fördert insbesondere ihre Beziehungsfähigkeit.

Traditionell haben die Aleviten es als Sünde angesehen, sich an Gütern oder Geld zu bereichern, die durch nicht eigenen Fleiß erworben wurden. Die moderne Gesellschaft mit ihren Abhängigkeiten (z. B. Sozialhilfe) sowie ihren Modellen für eine Altersvorsorge, die zunehmend auf eine System von Aktien und Betriebsrenten ausgerichtet ist, erzwingt eine Anpassung an diese Verhältnisse in dem Sinne z. B. dass auch Zins- und Kursgewinne nicht mehr als Sünde betrachtet werden können.

Die Aleviten haben sich gesellschaftspolitisch immer gegen eine Ausbeutung der Arbeitnehmerinnen und Arbeitnehmer gewandt und aus diesem Grunde auch berechtigte Anliegen der Gewerkschaften unterstützt. Da im alevitischen Wertesystem der solidarische Umgang mit Mitmenschen eine Zielsetzung ist, bekennen sie sich auch zu der Solidargemeinschaft dieses Landes (Generationenvertrag).

Alevitentum als Religionsunterricht in den Schulen

Eines der Hauptanliegen, das seit Jahren von den Mitgliedsvereinigungen immer wieder an die Alevitische Gemeinde Deutschland heran getragen wird, ist die Einrichtung eines alevitischen Religionsunterrichts bzw. einer Unterweisung in den Inhalten des alevitischen Glaubens an den öffentlichen Schulen Deutschlands. Die überwiegende Mehrheit der alevitischen Eltern ist für die Vermittlung alevitischer Lehre in den deutschen Schulen.[90] Zur Zeit gibt es lediglich in Berlin diese Möglichkeit. Familien und Eltern klagen, dass dieser Zustand zu einer Entfremdung der Kinder von ihren Familien, vom alevitischen Glauben und von der alevitischen Kultur führt.

Die AABF hat in diesem Zusammenhang sowohl in ihrem 1998 veröffentlichten Arbeitsprogramm als auch in ihrer Zeitschrift *„Alevilerin Sesi"* und in zahlreichen Pressemitteilungen vielfach auf die Notwendigkeit der Erteilung alevitischen Religionsunterrichts an deutschen öffentlichen Schulen hingewiesen.

Im Unterrichtsfach *„Islamische Unterweisung"* das an einigen Schulen in verschiedenen Bundesländern angeboten wird, werden keine Informationen über das Alevitentum vermittelt, obwohl zahlreiche alevitische Kinder an diesem Unterricht teilnehmen.

Damit sich alevitische Kinder wiederfinden können, ist es notwendig, ihre eigenen Glaubensinhalte und Traditionen im Religionsunterricht zu vermitteln.

Aus der Notwendigkeit einer in der Bundesrepublik entstandenen multikulturellen und multireligiösen Gesellschaft erscheint es folgerichtig, auch für die nicht unerhebliche Zahl alevitischer Kinder die Möglichkeit zu schaffen, eine Unterweisung in ihrem Glauben und seinen Traditionen zu erhalten.

1. Rechtslage und Möglichkeiten für einen alevitischen Religionsunterricht

Das Grundgesetz sichert mit Art. 4 die ungestörte Religionsausübung, die Freiheit des Glaubens und der religiösen oder weltanschaulichen Bekenntnisse.

Der Religionsunterricht in den deutschen Schulen ist verfassungsrechtlich geregelt. Art. 7, 2 des Grundgesetzes lautet: „Die Erziehungsberechtigten haben das Recht, über die Teilnahme des Kindes am Religionsunterricht zu bestimmen." Art. 7, 3 besagt: „Der Religionsunterricht ist in den öffentlichen Schulen mit der Ausnahme der bekenntnisfreien Schulen ein ordentliches Fach. Unbeschadet des staatlichen Aufsichtsrechtes wird der Religionsunterricht in Übereinstimmung mit den Grundsätzen der Religionsgemeinschaften erteilt. Kein Lehrer darf gegen seinen Willen verpflichtet werden, Religionsunterricht zu erteilen."

Da in Deutschland für die Schule die Länder zuständig sind, gibt es vom Bundesland zu Bundesland Unterschiede in Bezug auf die Stellung und Organisation des Religionsunterrichts. Auf jeden Fall sollte der Lehrplan eines alevitischen Religionsunterrichts mit der Alevitischen Gemeinde Deutschland als der offiziellen Vertretung der alevitischen Religionsgemeinschaft abgestimmt werden. Die Alevitische Gemeinde Deutschland wird die Voraussetzungen dafür schaffen, dass ein solcher Religionsunterricht – der sich an dem Religionsunterricht der Kirchen orientiert-etabliert werden kann.

2. Gründe für einen alevitischen Religionsunterricht

- Wie jede Familie hat auch eine alevitische Familie das Recht und die Pflicht, ihre eigenen Kinder zu erziehen. Das beinhaltet die Vermittlung der eigenen religiösen und kulturellen Werte und Normen. Eine solche Erziehung zur Gesellschaftsfähigkeit liegt im Interesse des Staates und wird deshalb auch durch das Angebot von Religionsunterricht gefördert.

- Dieses ist besonders wichtig im Hinblick darauf, dass einer Gettobildung von Migranten aus der Türkei aktiv entgegen gesteuert werden muss. Dazu gehört, dass alevitische Kinder betreffend ihrer Identität als Glieder der alevitischen Glaubens- und Lebensgemeinschaft durch einen angemessenen Unterricht gefördert werden. Angesichts der Tatsache, dass schon mehr als die Hälfte der Aleviten durch Erwerb der deutschen Staatsangehörigkeit ihren Willen zu diesem Land dokumentiert hat, ist es besonders berechtigt, das Anliegen einer Vermittlung alevitischen Glaubens und alevitischer Tradition in der Schule zu fördern.

- Für den muttersprachlichen Unterricht in türkischer Sprache, wie er von der Alevitischen Gemeinde Deutschland und verschiedenen türkischen Organisationen gefordert wurde und der in einer Reihe von Bundesländern angeboten wird, wurden überwiegend Lehrkräfte aus der Türkei geholt. Diese im Einverständnis mit der türkischen Regierung eingestellten Lehrer missbrauchen oft den muttersprachlichen Unterricht dazu, die ihnen anvertrauten alevitischen Schüler im Sinne des sunnitischen Islam zu missionieren. Dies wird von alevitischen Eltern als unerträglich angesehen, weil es ihre Kinder dem Gruppenzwang aussetzt, Formen des sunnitischen Islam zu lernen und zu vollziehen, die im Gegensatz zu alevitischen Überzeugungen stehen. Diese Belastung ihrer Kinder zwingt alevitische Eltern dazu, ihre Kinder aus dem muttersprachlichem Unterricht abzumelden, was wiederum im Hinblick auf das Erlernen der türkischen Sprache als Nachteil empfunden wird. Deshalb fordert die Alevitische Gemeinde Deutschland, dass der muttersprachliche Unterricht weltanschaulich neutral und als Sprachunterricht abzuhalten ist. Sollten aus der Türkei kommenden Lehrer dazu nicht in der Lage sein, so müssen sie durch in Deutschland ausgebildete, weltanschaulich neutrale Lehrer ersetzt werden.

- Unabhängig von einem alevitischen Religionsunterricht enthält das alevitische Glaubensgebäude gerade im Hinblick auf die in ihm geforderte Gewaltfreiheit und Toleranz wertvolle Elemente, die im Rahmen eines allgemeinen Unterrichts über Ethik und vergleichende Religionswissenschaft vermittelt werden sollten.

3. Stand zum alevitischen Religionsunterricht in einzelnen Bundesländern

Die gegenwärtige Situation der religiösen Erziehung von Schülerinnen und Schülern alevitischer Religionszugehörigkeit im Schnittfeld von Familie und Schule ist aus Sicht der alevitischen Eltern nicht befriedigend.

Seit dem Sommer 1999 arbeitet eine Arbeitsgruppe der Alevitischen Gemeinde Deutschland an einem Rahmenplan für den alevitischen Religionsunterricht in öffentlichen Schulen in Deutschland. Dieser Rahmenplan liegt seit Sommer 2001 in einem ersten Entwurf vor. Dieser Entwurf hat zunächst vor allem die Funktion, auf den religionspädagogischen Bedarf der Aleviten in Deutschland aufmerksam zu machen und einen fachlichen Rahmen zu formulieren, in dem grundsätzlich diskutiert werden kann, in welcher Form es einen eigenständigen alevitischen Religionsunterricht im Sinne des Artikels 7.3 des Grundgesetzes bzw. der Länderverfassungen in den deutschen Schulen geben sollte.

Die Bestrebungen, Kenntnisse des Alevitentums im Unterricht zu vermitteln, gehen auf die Gründungsjahre der alevitischen Gemeinden in Deutschland zurück. 1991 hat das Alevitische Kulturzentrum Hamburg eine Unterschriftenkampagne gestartet, um Inhalte des Alevitentums in den Schulen zu vermitteln. Aufgrund dieser Aktion und darauf folgender Verhandlungen wurden 1998 verschiedene alevitische Themen im Rahmen des interreligiösen Religionsunterrichts in den Lehrplan für die Hamburger Grundschulen aufgenommen. In Hamburger Schulen werden seit 1998 alevitische Themen wie

z. B. der alevitische Gottesdienst, das Moharremfasten, der *Aşure*tag, das Einverständnis, der *Hızır-İlyas*-Tag, das *semah*-Ritual und die Rolle der Musik bei Aleviten im Rahmen des interreligiösen Religionsunterrichts für alle behandelt. Der interreligiöse Religionsunterricht wird in Hamburg ab dem Schuljahr 2004/2005 auf die Sek. I und Sek. II des Gymnasiums ausgeweitet.

In Berlin hat das Kulturzentrum Anatolischer Aleviten am 17.05.2002 die Zulassung für den alevitischen Religionsunterricht erhalten. Im Schuljahr 2002/2003 besuchten ca. 60 Schülerinnen und Schüler den alevitischen Religionsunterricht in Berliner Grundschulen. Im Schuljahr 2003/2004 ist die Zahl der Schülerinnen und Schüler auf 160 gestiegen. Dieser Unterricht wird nach dem Lehrplanentwurf der Alevitischen Gemeinde Deutschland auf Deutsch erteilt. Die Lehrer dieses Unterrichts werden durch die Fachkräfte der Alevitischen Gemeinde Deutschland für diese neuartige Aufgabe regelmäßig fortgebildet. Leider besteht zur Zeit keine Möglichkeit dazu, diesen Unterricht in höheren Schulen z. B. Gymnasien fortzusetzen. En solcher Unterricht muss an die Ausbildung alevitischer Gymnasiallehrer gekoppelt sein.

Die Anträge der Alevitischen Gemeinde Deutschland für alevitischen Religionsunterricht wurden in einzelnen Bundesländern (Flächenländern) noch nicht abschließend beschieden. Um eine gemeinsame Lösung für den alevitischen Religionsunterricht zu finden, haben die Kultusministerien der Länder Nordrhein-Westfalen, Baden Württemberg, Hessen und Bayern Frau Prof. Dr. Ursula Spuler-Stegemann beauftragt, in einem religionswissenschaftlichen Gutachten die Fragen zu klären, *ob das Alevitentum ein eigenständiges Bekenntnis oder ein zum Mehrheitsislam bekenntnisverwandten Glaube ist* und ob die AABF eine eigene Religionsgemeinschaft im Sinne des Art. 7 Abs. 3 Grundgesetz ist. Für die Entscheidung über diese Anträge bildet das Gutachten eine wichtige Grundlage.

Die Alevitische Gemeinde Deutschland hat am Runden Tisch zum islamischen Religionsunterricht in Niedersachsen teilgenommen. Da der dort erstellte Lehrplan für diesen Unterricht das Alevitentum nicht bzw. nicht ausreichend behandelt, hat die AABF im Mai 2003 auch beim Kultusministerium des Landes Niedersachsen den alevitischen Religionsunterricht beantragt.

4. Ziele des alevitischen Religionsunterrichts

Aufgaben und Ziele des alevitischen Religionsunterrichts ergeben sich wesentlich aus dem Selbstverständnis der alevitischen Glaubenslehre wie sie im vorangegangenen Kapitel Glaubensgrundlagen dargestellt wurden. Dementsprechend soll der alevitische Religionsunterricht die Schülerinnen und Schüler in den Zusammenhang zwischen Glauben und Leben einführen. Das Ziel des alevitischen Religionsunterrichts besteht darin,

- alevitischen Kindern Wissen über die Inhalte ihres Glaubens zu vermitteln (*Wissensvermittlung),*
- sie in ihren religiösen und kulturellen Wurzeln und Traditionen zu unterweisen. Im alevitischen Religionsunterricht werden die alevitischen Kinder, dazu angeleitet, eine ausgewogene Identität bzw. Persönlichkeit zu entwickeln. Sie sollen durch den Religionsunterricht in die Lage versetzt werden, den alevitischen Glauben als den für sie besten Glauben zu erleben und Lehre und Wertvorstellungen ihrer Glaubensgemeinschaft angemessen zu vertreten. (*Identitätsbildung).*
- Darüber hinaus sollen die Menschenrechte im Grundgesetz vermittelt werden. Die Kinder werden angeleitet, zu erkennen, dass die alevitischen Werte und Vorstellungen mit den grundgesetzlichen Werten konform sind (*Wertevermittlung).*

Vor diesem Zielhorizont werden die Schülerinnen und Schüler in diesem Unterricht angeleitet,

- gleichberechtigte und tolerante Beziehungen zu Gleichaltrigen aufzubauen, unabhängig von glaubensmäßigen und ethnischen Unterschieden und diese zu pflegen (*Förderung der Beziehungsfähigkeit).*
- Dabei spielen insbesondere die Gleichberechtigung und Gleichbehandlung von Frauen und Männern in der alevitischen Glaubenslehre eine wichtige Rolle. Die Schülerinnen und Schüler sollen in diesem Unterricht die Gleichberechtigung der Mädchen und Jungen konkretisieren und verinnerlichen (*Gleichberechtigung).*
- Sie werden dazu befähigt, ihren Glauben, Traditionen und ihre Kultur gegenüber ihren Mitschülerinnen und Mitschülern zu vertreten und gleichzeitig deren Anderssein zu verstehen und zu akzeptieren. (*Interreligiöser Dialog).*

In diesem Sinne soll der Unterricht den Kindern die Möglichkeit bieten, Fragen, Probleme und Erfahrungen zu artikulieren und zu erörtern, sowie Zugang zu neuen Einsichten und zu neuen Glaubenserfahrungen zu gewinnen. Nach alevitischem Verständnis gibt es eine Wahrheit des Glaubens, die zu einer Vervollkommnung hinführt. Mit den Erfahrungen der alevitischen Kinder im Alltag kann und soll der Religionsunterricht zum Wegweiser werden. Sie lernen die im Alevitentum verankerten Werte und Normen des Verhaltens und Handelns auf das eigene Leben zu beziehen. Dazu gehört auch, dass sie durch die alevitische Gemeinde in die alevitische Lebensweise eingeführt und so mit der Zeit eigenständige Mitglieder dieser Gemeinschaft werden. Die Kinder können durch den Unterricht eine auf Harmonie ausgerichtete und damit zugleich befriedigende Sicht vom Leben in der Welt und vom Zusammenleben mit den Mitmenschen gewinnen. Das kann und soll ihnen Zuversicht und Mut geben, auch Schwierigkeiten im Leben entgegenzutreten.

Die Ziele des Unterrichts müssen auf die Erfahrungen und die Interessen der Kinder bezogen sein und seine Methoden und Leistungsanforderungen müssen so flexibel sein, dass die individuellen Begabungen eines jeden Kindes optimal zur Entfaltung gebracht werden. Er hat dazu beizutragen, dass die Kinder Grundkompetenzen für ein friedliches Zusammenleben in einer demokratischen Gesellschaft erwerben und erweitern können. Dazu gehören Kreativität und Phantasie, Selbstbewusstsein und Selbstachtung, Mut und Initiative, Verantwortungsbewusstsein und Solidarität.

5. Sprache des Religionsunterrichts:

Nach dem Grundgesetz ist die Sprache des Religionsunterrichts Deutsch. Dies sehen die Aleviten auch deshalb als notwendig an, weil die gemeinsame deutsche Sprache Voraussetzung für jeden interreligiösen Dialog in diesem Land ist. Wir wissen aus dem Unterricht anderer Fächer, dass einige Grundbegriffe wie z. B. *Allah, cem, semah, aşure, dede* in der Ursprungssprache beibehalten werden müssen. Aleviten sehen die Notwendigkeit, dass die grundlegenden Texte zum Glauben wie der Koran, das Buch *Buyruk* und Gedichte von den Gelehrten in deutscher Sprache kindgerecht vermittelt werden.

6. Aus- und Fortbildung der Lehrer für den alevitischen Religionsunterricht

Für die Erteilung von Religionsunterricht an Grundschulen kann die Alevitische Gemeinde Deutschland Personen mit geeigneter Vorbildung beauftragen, um den im folgenden Punkt 7 dargelegten Plan für die Glaubenslehre in geeigneter Form umzusetzen. Die Alevitische Gemeinde Deutschland wird es als Verpflichtung ansehen, diese Personen regelmäßig fortzubilden.

Für die Erteilung von Religionsunterricht an weiterbildenden Schulen /Gymnasien wird es notwendig sein, alevitische Gymnasiallehrer durch ein angemessenes Studium an einem Lehrstuhl für alevitische Theologie für das Fach alevitischer Religionsunterricht auszubilden. Für die Gewährleistung einer adäquaten Ausbildung ist die Schaffung eines ordentlichen Lehrstuhls für die alevitische Theologie unumgängliche Voraussetzung. Eine nahe liegende Möglichkeit dafür bietet das Stiftungsrecht, dass die Einrichtung einer Stiftungsprofessur begünstigt.

7. Thematische Gestaltung der alevitischen Glaubenslehre für die Grundschule

Die folgende Auflistung von Unterrichtsinhalten versteht sich nicht als Curriculum sondern als systematische Zusammenstellung grundlegender inhaltlicher Aspekte des alevitischen Religionsunterrichts. Daraus können von den Religionslehrern Unterrichtseinheiten zusammengestellt werden, in denen konkrete und dem Kenntnisstand und den Interessen der Schüler angemessene Zielsetzungen realisiert werden.

Kinder lernen das Alevitentum in den Schulen. Foto: Ismet Dertli, Berlin

Themen für einen alevitischen Religionsunterricht in der Grundschule

Klassenstufe/ Themenbereich	1/2	2/3	3/4	5/6
Aufgaben und Ziele des Faches	Vermittlung der alevitischen Glaubensinhalte / Bekenntnisorientierung Identitätsbildung, Beziehungsfähigkeit, Gleichberechtigung, Wertevermittlung			
1. Allah	Allah liebt uns	Es gibt einen Gott	Allah schuf alles, Menschen und ihre Seelen	Gottvertrauen/ Gott und Mensch
2. Das Einssein (Birleme) Allah-Muhammed-Ali	Allah übertrug das Wissen an Muhammed, Ali und auch an uns.	Muhammed und Ali als die Heiligkeiten (Licht) Allahs	Der Vergleich: Muhammed-Ali	Die 12 Imame
3. Der Mensch, Körper, Geist und Seele	Unser Körper entwickelt sich. gesund/ krank	Wir haben einen Verstand. behalten/ vergessen	Wir haben eine Seele. Liebe/ Hass	Der Mensch bildet eine Einheit. Körper und Seele
4. Der Ehli Beyt Weg der göttlichen Erkenntnis	Wir helfen gerne.	Wir wollen gerecht sein.	Wir erzielen das Einvernehmen in der Klasse, in der Familie	Toleranz, Achtung, Dialog statt Kränkung und Hass
5. Der Wegweiser *Hacı Bektaş Veli*	Heimatstadt von *Hacı Bektaş Veli*	*Hacı Bektaş Veli* spricht mit Tieren.	*Hacı Bektaş Veli* lehrt uns die Liebe	*Hacı Bektaş Veli* als Wegweiser
6. Religiöse Ämter und Pflichten	Wer ist ein „Dede"	Freund und Weggefährte	Die 12 Dienste	Ich lerne den Weg kennen. (Ziel und Weg)

Klassenstufe/ Themenbereich	1/2	2/3	3/4	5/6
Aufgaben und Ziele des Faches	Vermittlung der alevitischen Glaubensinhalte / Bekenntnisorientierung Identitätsbildung, Beziehungsfähigkeit, Gleichberechtigung, Wertevermittlung			
7. Vier Tore, vierzig Stufen	Liebe, Geduld	Danksagung, Verehrung	Ich beherrsche mich /Gebote	Einheit
8. Cemhaus	Wir besuchen das Cemhaus	Gebet im Cemhaus	sich begegnen und eine Gemeinschaft bilden	Gebetshäuser in unserer Gegend
9. Cem	Gemeinsam beten und gemeinsam essen	Während der Cem-Zeremonie versöhnen wir uns.	Wir halten Cem, als Beteiligung der Seelen von Frauen und Männern	*Cem* der Vierzig Heiligen
10. Moharrem-Fasten	*Aşure* ein Symbol der Danksagung	Wir fasten, um uns zu beherrschen	Trauer gestern und heute	Wir gedenken dem gerechten Widerstand vom Heiligen Hüseyin
11. Opfer und Opferfest	Wir feiern gemeinsam Feste	Opfer als Zeichen der Ergebung	Opfer zur Eintritt in die Gemeinde (*Tarikat*)	Seele und Körper
12. Semah	Wir lernen Semahfiguren kennen.	Wir pflegen Semah und die Dichtung gemeinsam	Semah ist ein Gebet	Semah zur Reinigung der Seele
13. Ich bin ein/e Alevit/in, Mein Freund hat einen anderen Glauben	Meine Familie und unsere Herkunft	Unsere Nachbarn / meine Freunde	Wir sind individuell und verschieden	Unser Glaube ist verschieden und doch schätzen wir einander.

Zukunftsperspektive der Aleviten in Deutschland

Neuausrichtung/Neugestaltung der alevitischen Glaubenslehre

Das Alevitentum als Glaubenssystem wurde in den letzten 400 Jahren durch die Verfolgungen und Verbote durch die osmanischen Macht seiner historischen Dokumente und damit eines Teils seiners Wurzels beraubt und in den Untergrund bzw. in die räumliche Isolation getrieben (Gettoisierung); Demzufolge entwickelte es sich in Details regional unterschiedlich. Auch deshalb sind die Aleviten darauf angewiesen, ihre bisher weitgehend mündlich überlieferte Inhalte in türkischer und deutscher Sprache unter Zuhilfenahme moderner pädagogischer Methoden aufzuarbeiten.

Das Bemühen der Aleviten, die alevitische Glaubenslehre und Liturgie ins Deutsche zu übertragen und in den alevitischen Gemeinden anzuwenden, dauert unvermindert an. Neben der sprachlichen Übertragung der alevitischen Quellen sind Fragen wie die zukünftige Form der Weggemeinschaft, die Stellung und die Aufgaben der alevitischen Geistlichen (*dede*) somit ihre den deutschen Verhältnissen angemessenen Ausbildung sowie die Rechenschaft und öffentliche Beichte wichtige Themen dieses Bemühens.

Aleviten sind seit den letzten 20 Jahren dabei, ihren Glauben durch die Gründung der alevitischen Gemeinden wieder zu beleben und durch Großveranstaltungen (z. B. Epos des Jahrtausends – *Bin Yılın Türküsü* am 13. Mai 2000 in Köln und Epos der Frau – *Kadının Türküsü* am 03.04.2004 in der Oberhausener Arena) an die Öffentlichkeit zu bringen und auf sich und ihre Glaubensgemeinschaft aufmerksam zu machen.

Das Alevitentum wird sich nach neuen Gegebenheiten neugestalten. In den alevitischen Gemeinden kommen Aleviten aus den verschiedenen Traditionen (*Kızılbaş, Bektaşi, Tahtacı, Abdal* u.a.) zusammen. Die Neuorganisation sollte diese verschiedenen Traditionen berücksichtigen. Das Alevitentum sollte vorhandene Institutionen aktuellen Gegebenheiten anpassen bzw. neue Institutionen bilden, ohne seine Glaubensinhalte aufzugeben.

Die Aufnahme in die alevitische Glaubensgemeinschaft –wie sie bei *Kızılbaş*-Aleviten gängig ist – erfolgt in der Regel durch die Geburt in eine alevitische Familie. Darüber hinaus muss aber – wie es bisher schon in den alevitischen Gemeinden in der *Bektaşi*-Tradition möglich ist – Menschen, die sich zum Aleventum hingezogen fühlen, die Möglichkeit eröffnet werden, in alle alevitischen Gemeinden aufgenommen zu werden.

Ganz allgemein sollten Geistliche aus verschiedenen Traditionssträngen (*dede, pir, baba, anasultan, dikme, çelebi*) als Geistliche einer Gemeinde akzeptiert werden, wenn sich die Gemeindeglieder darauf einigen können.

Zukunft der alevitischen Gemeinden in Deutschland

Die Mehrzahl der alevitischen Gemeinden entstand nach Massaker in *Sivas* am 2. Juli 1993. In den vergangenen fünf Jahren ist die Zahl der alevitischen Gemeinden mit eigenem *Cemevi* von zwölf auf 35 gestiegen. Alevitische Gemeinden bieten in ihren Zentren eine Fülle verschiedenartiger Aktivitäten an, wie zum Beispiel *Saz*-, und *Semah*kurse, Deutschkurse, PC-Kurse, Hausaufgabenhilfe, Kinder-Müttergruppen, Arbeitslosengruppen sowie Kulturveranstaltungen, Diskussionen zu aktuellen Themen, Seminare über den alevitischen Glauben und Traditionen.

Für die Integration der Migrantinnen und Migranten haben sich die alevitischen Gemeinden in den letzten Jahren zu Informations- und Begegnungszentren entwickelt. Durch Multiplikatoren zum interreligiösen Dialog, die durch die Alevitische Gemeinde Deutschland ausgebildet wurden und fortgebildet werden, organisieren sie interkulturelle Begegnungen und fördern damit einen intensiveren Dialog unter den Religionsgemeinschaften. Die Einführung des alevitischen Religionsunterrichts wird auch einen Nebeneffekt haben, nämlich dass sich die alevitischen Ortsgemeinden zu Informationszentren mit Materialien wie Bücher, Zeitschriften, Musikkassetten, *Saz*, *Semah*-Kleidung, Video u.ä entwickeln.

Ungeachtet dieser positiven Entwicklungen leiden die alevitischen Gemeinden darunter, dass sie keine belastbaren finanziellen Grundlagen haben. So können sie Personen mit Qualifikationen, die die alevitischen Zentren professionell leiten könnten, nicht anstellen: Alevitische Gemeinden sind noch nicht in der Lage, Akademiker und qualifizierte Jungkräfte zu beschäftigen. Ungleichmäßig eingehende Mitgliedsbeiträge etwa reichen als Einnahmen nicht aus. Die Gemeinden müssen viel mehr aufbringen und Spenden, Sponsoren sowie öffentliche Mittel akquirieren. Insbesondere müssen sozial- und integrationspolitische Projekte, die seit vier bis fünf Jahren in der AABF konzipiert und durchgeführt werden, auf die Ortsgemeinden übertragen werden. Diese Gemeinden müssen die nötigen Ressourcen dafür bereitstellen. Der Erfolg aller alevitischen

Gemeinden hängt stark davon ab, wie weit sie sich in den nächsten Jahren neue Finanzquellen erschließen können.

Die alevitischen Ortsgemeinden bestehen aus Mitgliedern mit unterschiedlichen Bindungen an den ihnen von den Eltern übertragenen Glauben. Darunter sind Jugendliche mit ca. 10 % der Mitglieder noch unterrepräsentiert. In den alevitischen Gemeinden ist die zweite Generation in der Altersgruppe von 30–39 Jahren mit 35% sehr stark vertreten. Das zeigt, dass die alevitischen Gemeinden von Menschen getragen werden, die in Deutschland aufgewachsen sind. [91]

Als zukunftsweisend ist die Entwicklung anzusehen, dass sich in den alevitischen Gemeinden eine klare Aufgabenteilung herausbildet. Die Geistlichen konzentrieren sich ausschließlich auf Behandlung von religiösen Fragen, während die Gemeindeführung dem Vorstand obliegt, der gemäß der Satzung demokratisch gewählt wird. In der Alevitischen Gemeinde Deutschland wurde für die Gemeindeführung folgende Kooperationsform gewählt: Gemäß der Satzung ist der Vorsitzender des Geistlichen Rates ein ständiges Mitglied des Gemeindevorstandes und ein Vorstandsmitglied gleichzeitig ein Mitglied im Geistlichen Rat.

Alevitische Gemeinschaft als Teil der demokratischen Gesellschaft

Es gibt in dieser Gesellschaft einen Konsens darüber, dass die verfassungsrechtlichen Grundwerte wie etwa die absolute Unantastbarkeit des Menschenlebens, die Gleichberechtigung von Mann und Frau, die gegenseitige Anerkennung der Religionsgemeinschaften oder Meinungs- und Glaubensfreiheit, unveränderbar und zu verteidigen sind.

Die Religionsgemeinschaften, die Anerkennung als öffentlich rechtliche Körperschaft beanspruchen, müssen diese Werte akzeptieren und innerhalb der eigenen Organisation praktizieren.

Verschiedene islamische Organisationen, die unterschiedliche Konzeptionen und Vorstellungen hinsichtlich der Gesellschaft haben, haben damit ihre spezifischen Schwierigkeiten. Von dieser Gesellschaft und der Öffentlichkeit können sie nur dann uneingeschränkt akzeptiert werden, wenn sie den verfassungsrechtlichen Konsens auch für sich akzeptieren. Denn gegenüber akzeptiert die alevitische Glaubensgemeinschaft den verfassungsrechtlichen Konsens ohne Vorbehalte. Insbesondere kennt die alevitische Glaubensgemeinschaft nicht das Problem verschiedener islamischer Organisationen die dem religiösen Gesetz der Scharia eine höhere Verbindlichkeit beimessen als dem deutschen Grundgesetz.

Im Hinblick auf den demografischen Entwicklungen und auf die erwartende Zuwanderung als Folge der Osterweiterung der Europäischen Union wird sich diese Gesellschaft darauf einstellen müssen, unterschiedliche Lebensentwürfe zu integrieren und damit ein friedvolles Miteinander in der Gesellschaft zu gewährleisten.

Auch die Ängste der Deutschen vor Radikalislamisten müssen ernst genommen werden. Beste Voraussetzungen für ein dauerhaftes friedliches Miteinander werden dadurch gelegt werden, dass Kinder aus unterschiedlichen Gesellschaftsgruppen mit unterschiedlichen Vorstellungen frühzeitig die Möglichkeit erhalten, sich untereinander kennen zu lernen, ihre Lebensentwürfe miteinander abzustimmen und gegebenenfalls korrigieren, sowie sich gegenseitig zu akzeptieren.

Mit diesem Ziel hat eine interreligiöse Studiengruppe aus den katholischen, evangelischen, sunnitischen und alevitischen Vertretern im Jahre 2003 mit dem Ziel die Arbeit aufgenommen, ein Handbuch für die interreligiöse Begegnung im lebensweltlichen Kontext vorzulegen. Dies soll der Konfliktprävention und der kommunikativen Verständigung dienen. Auch in den Schulen sollen Religionsgemeinschaften zusammenarbeiten und alle Möglichkeiten nutzen, um den Austausch unter den Schülerinnen und Schülern zu ermöglichen.

Erwartungen der Aleviten an die Türkei

Wenn auch die Alevitische Gemeinde Deutschland die Aleviten in Deutschland vertritt, berührt die Situation der Aleviten in der Türkei oft auch die Aleviten hier. Sie haben noch enge Bindungen zu ihren Verwandten und Freunden in der Türkei. Auch im Rahmen der Vorbereitungen zum EU-Beitritt der Türkei gewinnt die Verbesserung der Menschenrechtsituation in der Türkei an Bedeutung. Wenn die Türkei beansprucht, eine parlamentarische Demokratie zu sein, dann ist von ihr zu erwarten, dass sie die beim Beitritt zur UNO unterzeichnete Charta der Menschenrechte auch umsetzt. Dazu gehören u.a. die Religionsfreiheit und des Verbot von Diskriminierung aufgrund von Rasse und Religionszugehörigkeit.

Die weltweite Glaubensgemeinschaft der Aleviten ist sich daran einig, dass den Aleviten, die in der Türkei leben, das Recht auf Religionsfreiheit, auf das öffentliche Bekenntnis des Glaubens und Vereinigungsrecht vorenthalten wird. Deshalb erwartet die Glaubensgemeinschaft der Aleviten von der Türkei, die im Vorfeld der angestrebten Aufnahme in die EU ihre demokratische Reife präsentieren will, dass sie die folgenden schwerwiegenden Benachteiligungen der Aleviten aufhebt:

- Das *Hacı Bektaş* Kloster (*Dergah*) ist die wichtigste Glaubensstätte und damit der zentrale Wallfahrtsort von Aleviten. Das Kloster soll nicht mehr als Museum betrieben werden, für dessen Besuch Eintrittsgelder verlangt werden. Das Kloster muss so schnell wie möglich als Glaubensstätte der Alevitischen Dachorganisation (ABF) übergeben werden.

- Der Religionsunterricht muss als Pflichtfach abgeschafft werden, statt dessen muss ein Wahlfach zu „Religionskultur und Religionsgeschichte" eingeführt werden, das auch das Alevitentum gleichermaßen behandelt und bekannt macht.
- Gegen die Aleviten gerichtete schriftliche und visuelle Verleumdungen, sowie falsche Behauptungen müssen unterbunden und diejenigen bestraft werden, die solche Diffamierungen verbreiten.
- Die religiösen Tage der Aleviten wie Moharrem-Fasten und *aşure* müssen der türkischen Öffentlichkeit bekannt gemacht werden. Ihnen muss wie auch anderen religiösen Feiertagen ein offizieller Status zuerkannt werden.

Eine besondere Diskriminierung sehen die Aleviten in folgendem Widerspruch. Grundsätzlich soll das Amt für Religionswesen (*Diyanet İşleri Başkanlığı*) die Belange aller Religionsgemeinschaften berücksichtigen. In der Praxis aber ist es zu einer Agentur in den Diensten eines orthodox-sunnitischen Islam geworden. Deshalb erwartet die alevitische Glaubensgemeinschaft, dass *Diyanet İşleri* in Zukunft nur noch die Belange der sunnitischen Glaubensgemeinschaft vertreten soll, während alle nicht sunnitischen Glaubensgemeinschaften das Recht erhalten, eigene religiöse Vertretungen zu etablieren.

Aufgaben der Aleviten in eigener Sache

Aleviten tragen für die Anerkennung und Pflege ihres Glaubens und ihrer Kultur die Hauptverantwortung. Sie müssen schnell und systematisch die nötigen Voraussetzungen schaffen, damit das Alevitentum in der europäischen Gesellschaft ausreichend bekannt gemacht wird. Die folgenden Aufgaben müssen von den Aleviten stärker als bisher übernommen werden, damit die deutsche Öffentlichkeit das Alevitentum wahrnimmt und damit die Aleviten ernst genommen werden:

Die alevitischen Gemeinden müssen alle Möglichkeiten ausschöpfen, um an die Öffentlichkeit zu treten und so allen möglichen Vorurteilen insbesondere gegen türkische Migranten entgegen wirken. Ganz besonderes müssen sie der deutschen Öffentlichkeit bewusst machen, dass pauschale Vorurteile gegen diese Migranten unberechtigt sind und dass nur eine Minderheit unter diesen Migranten, den Aufbau einer Parallelgesellschaft und eine bewusste Selbstisolierung/Gettoisierung betreibt.

- In diesem Sinne müssen sich Alevitinnen und Aleviten stärker für die Belange dieser Gesellschaft auf allen Ebenen (in Parteien, Medien, Bildungseinrichtungen u. a) ihren Möglichkeiten entsprechend einsetzen und engagieren.
- Zuallererst müssen Alevitinnen und Aleviten ihre Gemeinden auf eine gesunde finanzielle Grundlage stellen. Dies verlangt eine erhöhte finanzielle Opferbereitschaft. So sollte etwa zum Vergleich erwähnt werden, dass bei einer Reihe von Religionsgemeinschaften Mitglieder bis zu einem Einzehntel (1/10) ihres Einkommens ihrer Gemeinde zur Verfügung stellen.
- Es muss von Alevitinnen und Aleviten erwartet werden, dass sie sich zum Alevitentum bekennen und dies z. B. in den Schulen bei der Anmeldung ihrer Kinder bekannt geben, um die Schulleiter auf das Alevitentum als eine eigenständige Glaubensgemeinschaft aufmerksam zu machen.
- Alevitische Schülerinnen und Schüler sollten in Projektwochen das Alevitentum thematisieren und Themenbereiche wie z. B. die alevitischen Gottesdienste in ihrem spirituellen Reichtum und mit ihren Traditionen (etwa *Semah*-Rituale), alevitische Gemeindehäuser (*cemevi*) und Erziehungsziele der Aleviten behandeln und der Klasse vorstellen.
- Wo es angebracht ist, sollten Studenten alevitischer Herkunft bestimmte Themen im Bezug auf das Alevitentum (Weggemeinschaft, *Dede*-Familien, Entstehung des Alevitentums, Glaubenslehre der Aleviten u. a) in ihren schriftlichen Arbeiten behandeln. Die Ergebnisse und Erfahrungen der Studenten können später auch in die alevitische Gemeindearbeit einfließen.
- Alevitische Gemeinden sollten Informationsveranstaltungen, wie z. B. einen Tag der Offenen Tür, oder eine Tagung zum Thema „Alevitentum", organisieren und die Öffentlichkeit auf sich und auf die alevitische Glaubenslehre und Kultur aufmerksam machen.

Schlusswort

Mit der geistigen Öffnung der Türkei zum Westen hin, mit der Wiedererweckungsbewegung sowie mit ihrem gewachsenen Selbstbewusstsein haben die Aleviten ihren Horizont über die Grenzen der Türkei hinaus erweitert. Mit der großen Anzahl der in europäische Ländern migrierten Mitglieder ihrer Glaubensgemeinschaft sind die Aleviten Teil einer sich öffnenden europäischen Kultur geworden. Diese Öffnung bedeutet für Europa als Ganzes wie auch für jedes einzelne seiner Länder eine spirituelle Bereicherung, die von den etablierten traditionellen Kulturträgern erkannt und zukunftsorientiert fruchtbar gemacht werden sollte (etwa durch den Aufbau von gegenseitigen Austauschbeziehungen). Dazu könnten beispielsweise in Radio und Fernsehen Informationen über die unterschiedlichen Aspekte des Alevitentums und seine Wurzeln sowie über die damit verbundene Verknüpfung mit der europäischen Geschichte und der Kulturgeschichte Anatoliens und des Vorderen Orients gesendet werden. Solche Beiträge würden dann auch der in Europa aufwachsenden alevitischer Jugend Verbindungen zum Land ihrer Vorfahren und zur Jahrtausende alten Kultur ermöglichen.

Weiterhin liegt es im Interesse der Alevitischen Gemeinde Deutschland, dass alevitische Kultur und alevitische Traditionen zunehmend in den Blick der deutschen Forschung kommen und so in der deutschen Wissenschaftslandschaft einen festen Platz einnehmen. Dazu sollten Forscher und ihre Institutionen animiert werden, Untersuchungen über alevitische Geschichte, alevitische Gebräuche und Traditionen und alevitische Glaubensvorstellungen durchzuführen, wozu die Alevitische Gemeinde selbstverständlich alle ihre Möglichkeiten in Deutschland und in der Türkei zur Verfügung stellen würde. Die Alevitische Gemeinde sieht es darüber hinaus als hilfreich und zukunftorientiert an, dass an einer deutschen Universität – und möchlichst in Zusammenarbeit mit einem Lehrstuhl /Institut für Turkologie – eine Stiftungsprofessur für alevitischen Theologie und Kultur eingerichtet wird. Die Alevitische Gemeinde Deutschland betrachtet dies als eine Verpflichtung, die sich auch auf die zukünftige Ausbildung von Gymnasiallehrern bezieht.

Innerhalb der letzten 20 Jahre bildeten die Aleviten in ganz Europa über 170 Gemeinden. Allein in Deutschland gibt es 110 alevitische Gemeinden, von denen 96 in der Alevitischen Gemeinde Deutschland vereint sind.

Insbesondere möchte die Alevitische Gemeinde Deutschland ihren Beitrag zur Kultur dieses Landes auch darin anerkannt sehen, dass sie – wie es etwa bei Kirchen und kirchenähnlichen Gemeinschaften der Fall ist – die Anerkennung als Körperschaft des öffentlichen Rechtes mit allen damit verbundenen Pflichten und Rechten erhält.

Die alevitische Jugend fühlt sich in Europa zu Hause und entwickelt sich als ein Teil der europäischen Gesellschaft, wobei die Bindungen an ihr Herkunftsland weiterhin bestehen bleiben. Diese führt zu einer fruchtbaren Wechselwirkung zwischen den Aleviten in der Türkei und in Deutschland, von der eine fortschreitende Anpassung des Alevitentums an die Herausforderungen der Moderne bei gleichzeitigem Erhalt seiner wertvollen, geistigen und spirituellen Traditionen zu erwarten ist.

Anhang

Chronologie zur Geschichte der Aleviten (Stand: Januar 2003)

Bei dieser Chronologie handelt es sich um eine innerislamische Histografie. Da über das Alevitentum und über die Aleviten keine hinreichenden schriftlichen Überlieferungen und histografische Darstellungen existieren, wurde hier eine Verortung in der islamischen Welt vorgenommen. Es ist dem Verfasser dieser Aufstellung bewusst, dass dieser Versuch nicht unumstritten ist. Dies ist im Hinblick auf die Bestimmung der Herkunft des Alevitentums besonders problematisch. Des Weiteren beansprucht die Zeittafel Vollständigkeit. Die Eigennamen sind größtenteils in einer eingedeutschten Form wieder gegeben worden.

622   Flucht des Propheten Mohammed (geb.570 in Mekka) nach Medina. Dieser Zeitpunkt ist das offiziell anerkannte Datum für die „Gründung" des Islam und gleichzeitig Beginn der islamischen Zeitrechnung.

656–661   Kalifat Alis:
Ali ist ein Vetter des Propheten und mit dessen Tochter Fatima verheiratet. Nach seiner Ermordung im Jahr 661 vollzieht sich die Spaltung des islamischen Glaubenssystems in ein schiitisches und ein sunnitisches Bekenntnis. Die Aleviten verstehen sich als Anhänger Alis, die die drei so genannten „rechtgeleiteten" Kalifen vor ihm nicht anerkennen und nur in ihm den rechtmäßigen Nachfolger des Propheten Mohammed sehen.

661   Die Omaiyaden übernehmen nach dem Tod Alis die Herrschaft und somit auch das Kalifat.

680   Hüseyin der jüngste Sohn Alis und Dritte in der zwölf Imame, stirbt bei Karbala (im heutigen Irak). Dieses Ereignis hat sich wie kaum ein anderes in das alevitische Bewusstsein eingegraben. Ist hier doch ein Nachfahre Alis und des Propheten zugleich zu Tode gekommen, der gegen die Feinde der Lehre seiner Väter zu Felde gezogen war. Dem Martyrium Hüseyins wird in den alevitischen Cem-Gottesdiensten Rechnung getragen.

922	Der Mystiker Halladsch Mansur wird in Bagdad hingerichtet. Sein Ausspruch „*Ene'l Hak*" – zu Deutsch etwa „Ich bin die (absolute) Wahrheit" wurde ihm zum Verhängnis, da er als „Ich bin Gott" gedeutet wurde, zählt doch *Hakk* (Arabisch u. a. „Wahrheit") zu den zahlreichen Namen Gottes. Was für Mansurs Gegner Grund zur Hinrichtung wegen Blasphemie war, ist für die Aleviten das Resultat eines Prozesses, den der wahre Gläubige durchlaufen muss, um durch eine unio mystica zur „absoluten Wahrheit" zu gelangen. Somit ist dieser Ausspruch keineswegs anmaßend oder gar gotteslästerlich. Welche Bedeutung die Aleviten Halladsch Mansur und seiner Lehre beimessen, ist daran zu erkennen, dass innerhalb des „Cem" das so genannte „*Dar-ı Mansur*" eingerichtet ist – eine, wenn man so will, rechtsprechende Instanz. Hier müssen Gläubige, die sich etwas haben zu Schulden kommen lassen, in gebeugter Haltung Rechenschaft vor versammelter Gemeinde ablegen und eine angemessene Strafe entgegennehmen.
1037	Der berühmte Philosoph Avicenna (Ibni Sina, geb. 980) stirbt in Hamadan. Avicenna stammte wie Hacı Bektaş Veli aus Chorasan. Er gehörte zu den typischen Vertretern jener islamisch-sufistischen Philosophie, die das klassische griechische Denken im Lichte der späteren hellenistischen Umarbeitung gedeutet hat. Das Denken Avicennas war für die Gefolgsleute des heiligen Augustinus, die im Neuplatonismus die Grundlage für eine neue christliche Philosophie entdeckt hatten, höchst attraktiv. Selbst die großen Philosophen des 13. Jahrhunderts, wie Wilhelm von Auvergne, Bonaventura, Robert Grosseteste und Roger Bacon, die den Augustinismus vertraten, beeinflusste er. Auf seine Idee trifft man sogar bei Philosophen, wie Albertus Magnus, Thomas von Aquin und Johannes Duns Scotus.
1071	Der Seldschukische Sultan Alparslan besiegt beim heutigen Mantzikert den byzantinischen Kaiser Diogenes Romanos IV. Dies öffnet die byzantinischen Grenzen für turkmenische Stämme, die nun aus der nordiranischen Provinz Chorasan nach Anatolien strömen und alevitische Gedankengut mitbringen.
1240	Revolte des Volkpredigers Baba Ishak in Anatolien. Dieser Aufstand ist – mit einer Reihe weiterer – für das alevitische Selbstverständnis von Bedeutung, da er sich gegen die staatliche Obrigkeit richtet und die politischen und sozialen Missstände anprangert, wurde der alevitische Glaube doch zu keiner Zeit von staatlich autorisierten Stellen anerkannt.
1252	Schah Safiyettin (Safi ad-Din) kommt auf die Welt. Er gründete den Ardabil-Derwischorden (Südufer des Kaspischen Meeres), der über Jahrhunderte hinweg großen Einfluss auf die anatolischen Aleviten ausübte.

1281	Sarı Saltuk wird von Hadschi Bektasch-i Veli beauftragt, das Alevitentum nach Europa zu tragen, worauf dieser dann in den Balkan geht. Heute leben viele Bektaschiten in den Balkanländern.
1295	Hadschi Bektasch Veli stirbt. Er ist der halblegendäre geistige Führer und Heiliger der Aleviten. In dem nach ihm benannten Orden, in dessen Räumlichkeiten heute ein Museum eingerichtet ist, welches jedoch noch immer als Wallfahrtsstätte fungiert, finden an 16.–18. August eines jeden Jahres Feierlichkeiten zu seiner Ehren statt.
1301	Scheich Safi ad-Din (gest. 1334) gründet in Ardabil den nach ihm benannten Safaviden-Orden. Einer seiner Nachfahren, İsmail, soll später das Reich der Safaviden errichten.
1307	Barak Baba stirbt.
1320/21	Yunus Emre, einer der größten türkischen Dichter stirbt. Zentrales Thema seiner Gedichte ist die sufische Philosophie, die auf den Neuplatonismus zurückgeht. Nachdem er – wie er in seinen Gedichten angibt – „40 Jahre lang" im Dienst eines Mystikers namens Taptuk Emre gestanden hat, wird er von seinem Dienst entbunden und führt fortan das Leben eines Derwischs. Yunus Emre zählt zu den Sieben Heiligen Dichtern der Aleviten.
1397	Kaygusuz Abdal, ein Anhänger der bektaschiten Lehre, zieht nach seinem Dienst bei seinem Meister Abdal Musa nach Ägypten, um dort ein Kloster zu gründen, welches in kurze Zeit zur Heimstätte von Not leidenden und kranken Menschen wird.
1398	Tod des Begründers der Hurufi-Lehre Fazlullah Asterabadis. Die Anhänger dieser Lehre sehen in den einzelnen Buchstaben des arabischen Alphabets (*huruf* ist der Plural des arabischen Wortes harf „Buchstabe") – und in den menschlichen Gesichtszügen – eine mystische Bedeutung verborgen, die es zu entdecken gilt. Die Ideen Fazlullahs wurden als ketzerisch angesehen und führten zu seiner Hinrichtung. Seine Lehre jedoch hat einen nachhaltigen Eindruck bei einigen türkischen Dichtern hinterlassen. Fazlullah Asterabadi hinterlässt ein berühmtes Werk, die „Cavidanname".
1417	Seyyid Nesimi, enger Vertraute von Fazlullah Hurufi und bekannteste Huruf-Dichter, wird in Aleppo (Syrien) zu Tode geschunden, da seine sufischen ansichten den Regeln der Scharia widersprechen. *Seyyid Nesimi* trug mit seinen Gedichten, die er in Aserbaidschanisch-Türkisch verfasste, in erheblichem Maße zur Verbreitung des hurufischen Glaubens bei. Er gehört zu den Sieben Heiligen Dichtern bei den Aleviten.

1420	Bewegung des Scheich Bedreddin.

Gegen die Unterdrückung durch den offiziellen Staats-Sunnitentum und die Ausbeutung durch die Grundherren finden sich Mitglieder verschiedenster Sufi-Bruderschaften sowie Bauern aus allen Teilen der damaligen Gesellschaft, die im Gebiet der heutigen Provinzstadt Aydın und Umgebung lebten, unter der Führung Scheich *Bedreddins*, eines ehemaligen orthodoxen Theologen, zusammen und erheben sich gegen die Osmanen. Die pantheistische Beredsamkeit Scheich Bedreddins beseelt die Massen. *Börklüce Mustafa* und *Torlak Kemal*, enge Vertraute *Bedreddins*, schließen sich ihm an. Eine ihrer Hauptforderungen ist die Einführung von Gemeineigentum, um der immer größer werdenden Armut Herr zu werden. Die Aufständischen werden von der vereinten rumelisch-anatolischen Heeresmacht der Osmanen bei *Karaburun* besiegt. Ihre Anführer werden nacheinander gefangen genommen und schließlich hingerichtet.

1428 Balım Sultan wird geboren.

Er organisiert durch eine „*Erkanname*" (Schrift zu geistliche Trägerinternen Angelegenheiten) das Bektaschitentum neu.

1495 Fuzuli, einer der Sieben Heiligen Dichter bei den Aleviten wird in Hille geboren.

1499 Sultan Beyazıt II. tritt im Einvernehmen mit Balım Sultan, dem Nachfolger Hadschi Bektasch Velis als Ordensvorsteher, zum Bektaschitentum über.

1501 Der erst 14-jährige Safavide Schah İsmail wird zum Schah von Persien gekrönt. Schon am Vorabend der Thronbesteigung lässt er das zwölferschiitische Glaubensbekenntnis als Staatsreligion ausrufen. İsmail wird von den Aleviten u. a. als Dichter verehrt, der unter dem Pseudonym Hatayi in aserbaidschanisch-türkischer Sprache dichtete.

1511 Beginn des Aufstandes von Schah Kulu.

1514 Schlacht zwischen Osmanen und Safaviden bei Tschaldiran. Schah İsmail zieht sich geschlagen zurück.

1519 Yemini schreibt die berühmte „Faziletname".

1527 Hinrichtung von Kalender Tschelebi.

1590 Der Dichter Pir Sultan Abdal wird auf Befehl von *Hızır Paşa*, des damaligen Statthalters von Sivas, hingerichtet. Durch seine Gedichte, die er in der Sprache des (einfachen) Volkes verfasste, genießt Pir Sultan Abdal, der ebenfalls zu den Sieben Heiligen Dichtern zählt, heute noch großes Ansehen bei den Aleviten.

1772 Dichter Dertli wird geboren.

1807	Dichter Seyrani wird geboren.
1826	Auflösung des Janitscharen-Korps. Damit geht auch die Bekämpfung des Bektaschi-Geistliche Trägers einher.
1827	*Hamdullah Çelebi*, Nachfahre Hadschi Bektasch Velis und Ordensvorsteher, wird ins Exil nach Amasya verbannt. Anschließend erfolgt die Beförderung des Nakschibendi-Scheichs in das Haus des Pir, des Vorstehers der bektaschitischen Anhängerschaft.
1893	Der alevitische Dichter und Sänger Aşık Veysel wird in Sivas geboren. Trotz Erblindung seit seinem 7. Lebensjahr hat Aşık Veysel die Liebe zu Gott und Natur hervorragend beschrieben. Er stirbt im Jahr 1973 und hinterlässt zahlreiche Gedichte und Lieder, die in der Türkei Anerkennung breitester Kreise gefunden haben.
1919	Atatürk besucht das Haus des Pir Bektasch Veli in Hacibektasch südlich von Ankara.
1924	Aufhebung des Kalifats und Einrichtung des Amtes für religiöse Angelegenheiten. Die Aleviten werden von dieser Institution nicht berücksichtigt.
1925	Schließung von religiösen Orden und Klöstern. Als Folge setzten die Aktivitäten des Bektaschi-Ordens aus.
1928	Der Gebetsruf vom Minarett durch den Muezzin wird auf Türkisch abgehalten.
1950	Aufhebung des Verbots, den Gebetsruf auf Arabisch zu halten.
1953	Gründung des ersten Bektaschi-Klosters in den USA.
1956	Halil Öztoprak veröffentlicht sein Buch mit dem Titel „Der verborgene Sinn des Koran und die Wahrheit in der Geschichte", das heftige Diskussionen in der Türkei auslöste.
1957	Buyruk wird im türkischen Alphabet gedruckt.
1960	Der verfassungsgebende Rat nimmt seine Arbeiten auf, um die Verfassung von 1923 neu zu fassen. Alevitische Studenten stellen die Forderung auf, dass auch die Aleviten durch das „Präsidium für religiöse Angelegenheiten" vertreten werden.
1963	Gründung des Hadschi Bektasch Veli-Vereins. Im großen Kino von Ankara wird zum ersten Mal ein für alle offener Cem abgehalten.
1964	Das Kloster von Hadschi Bektasch-i Veli wird als Museum wiedereröffnet.
1967	Gründung der Einheitspartei der Türkei. Diese Partei galt als Partei der Aleviten.
1968	Die Einheitspartei entsendet nach den Parlamentwahlen acht Abgeordnete in die Große Türkische Nationalversammlung.

1971	Die Einheitspartei beginnt allmählich zu zerbröckeln und wird in der Folgezeit aufgelöst.
1976	Ausschreitungen gegen die alevitische Bevölkerung in Malatya, die noch von weiteren in den Jahren 1978 (*Kahramanmaraş*), 1979 (*Sivas*) und 1980 (*Çorum*) gefolgt werden sollten.
1986	Gründung der ersten alevitischen Vereine in Europa.
1989	Veröffentlichung einer Deklaration zum Alevitentum *„Alevilik Bildirgesi"* in Hamburg.
1991	Gründung der *„Föderation von alevitischen Gemeinden in Deutschland"*. Umbenennung in *„Föderation der Aleviten Gemeinden in Deutschland"* im Jahre 1992.
1993	Beim Massaker von Sivas sterben während der Veranstaltung *„Pir Sultan Abdal"* am 2. Juli 1993 37 Menschen, überwiegend alevitische Künstler.
1995	Ausschreitungen gegen die alevitische Bevölkerung im Istanbuler Vorort Gaziosmanpaşa.
1999	Gründung der „Alevitisch-Bektaschitischen Repräsentantenversammlung" in Ankara.
2000	Alevitisches Festival „Epos des Jahrtausends – *Bin Yılın Türküsü"* mit 16.000 Besuchern, am 13. Mai 2000, Köln.
2002	Der alevitische Dichter und Musiker *Mahzuni* Şerif stirbt am 17. Mai in Köln und wird in *Hacıbektaş* (Türkei) beigesetzt. Er hinterlässt hunderte von Gedichten und Liedern.
	Gründung der „Alevitischen Union Europa", des Dachverbands der Alevitischen Föderationen in Europa am 18. Juni 2002.
	An Berliner Schulen wird ab August zum ersten Mal in der Geschichte alevitischer Religionsunterricht erteilt.
	Das alevitische Festival „Epos des Jahrtausends" wird in der Türkei, Istanbul, 5. Oktober 2002, aufgeführt.
	Die „Föderation der Aleviten Gemeinden in Deutschland e.V." wird umbenannt in „Alevitische Gemeinde Deutschland e.V.".

(Zusammenstellung: Seydi Koparan)

Alevitische Feste und Andachten

13.-15. Februar: Hızır-Fasten (*Hızır orucu*)

Jedes Jahr wird die zweite Februarwoche als die „Woche von *Hızır*" gefeiert. *Hızır* (Chidir, Chadhir, Khizer) ist der unsterbliche Heiliger und der Schutzpatron. Er wird allen in der Not zur Hilfe kommen. Er wird „Eile herbei Hızır!" gerufen. Aleviten glauben daran, dass die Heiligen Brüder *Hızır* und *Ilyas* als Propheten gelebt und das so genannte „Wasser zur Unsterblichkeit" getrunken haben, um den Suchern und Wanderern auf dem mystischen Pfad zu helfen. Nach diesem Glauben kommt *Hızır* auf Land und *Ilyas* auf dem Meer zur Hilfe. Sie würden denjenigen helfen und sie retten, die in Not geraten sind und „*von ganzen Herzen*" um Hilfe rufen. Sie bringen den Menschen Glück und Wohlstand. Nach einer Erzählung soll *Hızır* das erste Mal von Gefährten Noahs zur Hilfe gerufen worden sein und das mit Menschen voll beladene Schiff bei der Seekatastrophe geschützt haben. Nachdem das Schiff die Drei-Tage-Katastrophe überstanden haben soll, sollen die Geretteten drei Tage lang gefastet haben, um *Hızır* ihre Dankbarkeit zu beweisen.

Der Helfer *Hızır* wird in Anatolien als ein weißbärtiger Mann auf einem Schimmel vorgestellt. Er wird gerufen: „*Eile herbei lieber Hızır!* „. Im Volksmund wird er *Hızır* mit dem Schimmel „*bozatlı hızır*" genannt und über ihn werden zahlreiche Geschichten erzählt. Hier stellt man eine Ähnlichkeit mit dem amerikanischen Weihnachtsmann *Santa Claus* fest.

In der *Hızır*-Woche bereitet man am Abend eine spezielle Speise (*kavut*) aus Weizen und Wasser vor, die über Nacht ruht. Jedes Familienmitglied wünscht sich etwas Besonderes. Die Vorstellung geht dahin, dass diese Wünsche in Erfüllung gehen, falls Hızır über Nacht vorbei kommt und ein Zeichen auf dieser Speise hinterlässt. Diese Speise wird am nächsten Tag an den Nachbarn verteilt. Jeder versucht, Speisen von allen Familien zu kosten, damit sich die Wahrscheinlichkeit erhöht, die Speise zu erwischen, die der *Hızır* gesegnet hat.

Hızır als Begriff nimmt einen großen Platz im Alltag. Viele Aleviten legen ihre Gelöbnisse im Namen von *Hızır* ab und bitten um etwas im Namen von Hızır. „*Hızır sei Dank*", „*Hızır möge kommen*", „*Es möge das Mahl von Hızır sein*" u. a. sind einige bekannte Sprüche. In manchen Gegenden wird Kindern, Bergen, Seen, Wegen u. a. der Name *Hızır* gegeben. Es gibt sogar ein religiöses *Semah*-Rituale Namens „*Hızır semahı*".

Auch in Deutschland bereiten sich die alevitischen Gemeinden für diese Feier vor. Die Räumlichkeiten werden gründlich gereinigt bzw. geputzt. Man glaubt, dass *Hızır* die ordentlichen und sauberen Orte besucht. Die alevitischen Ortsgemeinden organisieren in Deutschland während der Fastenzeit mindestens ein Gottesdienst (*Hızır cemi*) in den Cemhäusern, wobei der *Hızır*-Glaube im Mittelpunkt steht.

In dieser Woche wird von Dienstag an drei Tage lang gefastet. Am letzten Tag wird in der Wohnung und vor der Haustür für die Feier geputzt. Am Abend werden die vorbereiteten Speisen an den heiligen Gedenkstätten bzw. Cemhäusern mit allen Besuchern gemeinsam verspeist. Am Freitagabend werden auf den Friedhöfen in der Umgebung Kerzen angesteckt und zu Hause den Kindern Geschichten von *Hızır* erzählt.

21. März: Geburtstag von Heiligen (Hz.) Ali, Neujahr (*Nevruz*)

Ali als Heiliger gehört dem Glaubensbekenntnis der Aleviten: „Es gibt keinen Gott außer Gott, Mohammed ist der Gesandte Gottes und Ali ist der Freund Gottes". Aleviten glauben, dass Ali als heilig geboren wurde und zwar im Neujahr (*Nevruz*), am 21. März 598 n. Ch. in Mekka. Aus diesem Grund feiern Aleviten den 21. März als den Geburtstag des Heiligen Ali.

Ali war der Vetter des Propheten Hz. Mohammed und durch seine Ehe mit Fatima der Tochter des Propheten auch dessen Schwiegersohn. Hz. Ali und Fatima hatten zwei Söhne, Hasan und *Hüseyin*. Schon als Zehnjähriger soll er dem Propheten im Glauben gefolgt sein. Nach der Ermordung Othmans, der den bis dahin mündlich überlieferten heiligen Koran hatte aufschreiben lassen, wurde Ali in Medina zum vierten Kalifen gewählt. Gegen diese Wahl rebellierten Verwandte des Othman in Syrien. In den dann folgenden kriegerischen Auseinandersetzungen unterlag Ali und musste sich nach Kufa im Irak zurückziehen, wo er 661 ermordet wurde.

Ali wurde schon als Einjähriger von Mohammed erzogen und er unterstützte Mohammed bei der Verkündung und Verbreitung des Ursprungsislam. Sein Gedankengut wurde später in zwei Büchern zusammengefasst: *Nehc-ül Belaga* und *Divan-i Ali*. Ali trat in seinem Leben für Gerechtigkeit und für ein unverfälschtes Wissen ein. Aus diesem Grund nennt man ihn das „*Tor des heiligen Wissens*". [92]

Der 21. März wird in den alevitischen Gemeinden als Gedenktag gefeiert. Sie organisieren am Abend ein gemütliches Beisammensein *(muhabbet)* und dabei wird das Leben von Heiligen Ali und seine Lehre vorgetragen, sowie seine Bedeutung in der Gegenwart herausgearbeitet.

Bektaşi-Aleviten feiern das Fest Nevruz am Abend in einem Gottesdienst. Dort werden Lieder (Nevruziye) vorgetragen und die Semah-Tänze gezeigt.

Opferfest (2.–5. Februar 2004, jedes Jahr zehn Tage früher)

Dieses viertägige Fest ist beweglich und wird, da es vom Mondkalender bestimmt wird, im Folgejahr immer zehn Tage vorgezogen. Das Opferfest wird von einem Teil der Aleviten als Dankbarkeit gegenüber Gott für seine Gnade gefeiert. Es erinnert an Abraham (türk. *Ibrahim)* und an seine Bereitschaft, seinen Sohn *Ismail* zu opfern. Das Fest ist für die Aleviten ein Anlass, an Arme und Bedürftige zu denken und ihnen Geschenke zu machen.

Für finanzstarke Familien in der Türkei ist der Höhepunkt des Opferfestes das traditionelle Festmahl, für das ein Schaf nach einen bestimmten Ritual[93] geschlachtet wird. Das vorbereitete Festmahl wird bei diesem Fall gemeinsam – oft mit der Familie, den Weggefährten und Nachbarn – gegessen.

Aleviten feiern dieses Fest mäßig und schlachten nicht immer ein Opfertier, sondern zeigen ihre Dankbarkeit und Opferbereitschaft auch durch andere Dienste z. B. in einem Cem-Gottesdienst. [94]

In Deutschland feiern die alevitischen Gemeinden dieses Fest – meistens mit den Kindern – in einem großen Saal. Bevor das an alle gleichmäßig verteilte Essen gemeinsam gegessen wird, fragt der Geistliche die Gemeinde nach dem Einverständnis aller Beteiligten, ob sie sich miteinander versöhnt fühlen.

Moharrem-Fasten (21.02–03.03.2004, jedes Jahr zehn Tage früher)

Das Moharrem-Fasten wird laut arabischem Kalender jedes Jahr zehn Tage früher als im Vorjahr abgehalten. Da sich das Fasten nach dem arabischen Kalender orientiert, ist die Fastenzeit beweglich (Beginn: 20 Tage nach dem 1. Opferfesttag).

Durch die zwölftägige Trauerzeit zeigen die Aleviten ihre Verbundenheit mit dem Imam *Hüseyin,* der im Jahre 680 n. Chr. in Karbala ermordet wurde. Um seinen Leidensweg nachzuempfinden, wird bei der Trauer gefastet und Enthaltsamkeit ausgeübt. Später wurden auch weitere Nachkommen der Prophetenfamilie (ehl-i beyt) von der Omaijadendynastie ermordet. Zu Ehren weiterer Imame wird deshalb zwölf Tage gefastet.

Die beispiellose Widerstandsleistung von Imam Hüseyin gegen die Ungerechtigkeit nimmt in Anatolien bei der Erziehung der Kinder einen großen Platz ein. Imam *Hüseyin*s Widerstand gegen die Ungerechtigkeit bzw. sein Gerechtigkeitssinn wird den alevitischen Kindern in Form von ethischen Maximen gelehrt. Jedes Jahr gedenken die Aleviten dem Martyrium von Karbala, wobei Yazid I. verflucht wird. Sie danken Gott dafür, dass Imam *Zeynel Abidin* Karbala überleben konnte und somit die Nachkommenschaft Alis – das Weiterleben des heiligen Wissens – sicherte. Im Gegensatz zu iranischen Schiiten fügen sich die anatolischen Aleviten im Monat Moharrem keine körperlichen Schmerzen zu, und stellen das Martyrium von Karbala nicht als Schauspiel dar.

Aleviten setzen das Moharrem-Fasten mit Karbala, Fasten und Trauer gleich. Das Nachempfinden von Karbala im Monat Moharrem ist für die Gläubigen einer der wichtigsten Grundpfeiler. Das Fasten ist keine absolute Pflicht, aber je nach körperlicher Verfassung und persönlichen Umständen beträgt es zwölf Tage. Nach dem Abendessen wird nichts mehr gegessen und getrunken bis nach Sonnenuntergang des folgenden Tages. Das Essen am Abend ist dann sehr einfach und nicht übermäßig, denn die Enthaltsamkeit ist immer der zentrale Punkt.

Es wird in keiner Form Fleisch verzehrt; man achtet sehr darauf, dass kein Blut fließt. Streitigkeiten werden vermieden, Gefühle anderer werden nicht verletzt, keinem Lebewesen wird Leid zugefügt, auch die Natur wird dementsprechend behandelt (nichts abbrechen, nichts schneiden). Man hält sich von jeglichem Vergnügen fern (keine Hochzeit, Verlobung, usw.). Man flucht nicht, hält sich von Tratsch fern, man lebt im Einvernehmen mit den Nachbarn und anderen Menschen.

Die alevitische Gemeinden schaffen während der Fastenzeit in den Gemeindezentren und Cem-Häusern die Möglichkeit, dass die Mitglieder zum Fastenbrechen zusammenkommen können. Mindestens ein Geistlicher ist immer anwesend und beantwortet Fragen zum Thema. Das Gemeinschaftsgefühl wird dadurch verstärkt.

Aşure (04.03.2004 beendet immer das Moharrem-Fasten)

Nach 12-tägigem Moharrem-Fasten wird eine Süßspeise (*Aşure*) gekocht und als Symbol der Dankbarkeit unter Bekannten, Verwandten und Nachbarn verteilt und gemeinsam gegessen. Aleviten bringen mit aşure ihren Dank zum Ausdruck, dass *Zeynel Abidin*, der Sohn von Imam *Hüseyin* aufgrund seiner Krankheit das Massaker von Karbala überlebte.

Aşure ist eine – aus zwölf verschiedenen Zutaten bestehende – Süßspeise. Die Zutaten können variieren, aber sie müssen zwölf an der Zahl sein, denn diese symbolisieren die

12 Imame. Es sind z. B. Weizen, Bohnen, Saubohnen, Kichererbsen, Kastanien, Haselnüsse, Pistazien, Mandeln, Sultaninen, Feigen, Aprikosen und Walnüsse.

Die alevitischen Gemeinden feiern den *Aşure*tag sowohl in den Gemeindehäusern als auch an öffentlichen Plätzen, wie z. B. vor Kölner Dom. Sie informieren die deutsche Öffentlichkeit über diese Feier. Aleviten nehmen das Aşure-Fest als ein Anlass zum interreligiösen Dialog mit anderen Religionsgemeinschaften.

6.-7. Juni: Gedenkfest für *Abdal Musa*

Es wird jährlich am ersten Juni-Wochenende im Dorf Tekke bei Elmalı/ Antalya an die Freigiebigkeit (*cömertlik*) von *Abdal Musa* gedacht und gefeiert. *Abdal Musa* war Schüler von *Hacı Bektaş Veli* und stammte aus dem Ort *Khoy* im Iran. Er lebte im 13./14. Jh. und spielte eine wichtige Rolle beim Aufbau der Janitscharen-Truppen (türk. *Yeniçeri*). In Deutschland veranstalten alevitische Gemeinden Informationsabende zu *Abdal Musa*. Manche Gemeinden organisieren Cem- Gottesdienste zur Andacht von *Abdal Musa*.

5/6. Mai: Tag des *Hızır Ilyas* (*Hıdırellez*)

Nach der Sage treffen sich Hızır (Schutzengel des Himmels) und Ilyas (Schutzengel der Erde) in der Nacht vom 5. auf den 6. Mai auf der Erde, die in jeder Not wie ein rettender Engel zu Hilfe kommen. Man glaubt, dass *Hızır* und *Ilyas* das so genannte Wasser zur Ewigkeit (*ab-u hayat*) tranken. Aus diesem Glaube heraus bitten viele Menschen an diesem Tag Gott um Gesundheit und Genesung. Am 6. Mai werden verschiedene Teigwaren gebacken und mit den Nachbarn geteilt.

16.-18. August: Feier zur Andacht von *Hacı Bektaş Veli*

Diese Feier findet jedes Jahr vom 16.-18. August in der Stadt *Hacıbektaş,* 100 km südlich von Ankara mit verschiedenen kulturellen Veranstaltungen statt, wie z.B. Vorträgen, Konzerten und religiösen Zeremonien (*Cem*-Gottesdienst) und Semah-Rituale.

Hacı Bektaş Veli war der Gründer des anatolischen Alevitentums. [95] Das Wort „*Bektaşi*" leitet sich von seinem Namen ab. Er soll im Jahre 1209 in *Horasan* bei *Nişabur* (im Iran) geboren worden sein und aus der Familie vom Mohammed-Ali (*Evlad-ı Resul*) in der 17. Generation stammen. Er soll in Turkistan von *Hoca Ahmet Yesevi* unterrichtet worden sein. Dadurch kam *Hacı Bektaş Veli* mit der islamischen Mystik in Berührung. *Hacı Bektaş* soll durch *Lokman Perende*, einem Gefolgsmann von *Ahmet Yesevi*, beauftragt worden sein, das mystische Gedankengut unter den Menschen, unabhängig von ihrer

Abstammung, in Anatolien zu verbreiten. Durch seine Toleranz, Menschenliebe, Weisheit und Wunderkraft fand er einen regen Zulauf bei der Bevölkerung in Anatolien, die durch die damaligen seldschukischen Herrscher und Feldherren unterdrückt waren. *Hacı Bektaş* war der Erlöser dieser Unterdrückten und verfolgten Menschen in Anatolien; denn seine Lehre war zugleich die Lebensweise der Armen.[96]

Der Heilige *Ali* (599–661)
Die Verbundenheit mit dem Heiligem (Hz.)
Ali im alevitischen Glauben

Nach Aussagen der Aleviten ist der ursprüngliche Koran nur dem H eiligen Ali, als dem engste Begleiter des Heiligen Mohammed erhalten geblieben. Ali entsprach in all seinen Reden und Handeln in vollkommener Weise dem Willen Gottes. Ali's Leben und Tun haben für die Entstehung und Weiterentwicklung der alevitischen Glaubenslehre als Grundlage gedient. Dabei geht man nicht von der geschichtlichen Person Ali, dem 4. Kalif, aus, sondern von einer spirituellen Person, die im Laufe der Jahrhunderte von Generation zu Generation unter den Aleviten überliefert wurde.

Aleviten glauben daran, wie im Buch *Buyruk* „Das Gebot" beschrieben wird, das ein Regelwerk des alevitischen Glaubens darstellt und für Aleviten bindend ist, dass das göttliche Geheimnis (*ilahi sır*) sowohl Mohammed als auch Ali offenbart wurde.

Die alevitischen Geistlichen, die die Vervollkommnung eines Menschen – nämlich die Stufe der *hakikat* – erreicht haben, haben das erfahrene Geheimnis mit dem Spruch „*en-el hak*" (ich bin Gott bzw. ich bin die Wahrheit) kundgetan.

Hz. Ali stellt das höchste Beispiel eines vollkommenen Menschen dar. Es werden ihm nahezu übernatürliche Kräfte und Geistesweisheit zugeschrieben. Ein Beispiel dafür ist diese Aussage: „Mohammed ist die Stadt des geistlichen Wissens, Ali ist die Tür dorthin." (*Muhammed ilmin şehri, Ali kapısıdır.*)

Hz. Ali erscheint Hz. Mohammed in Erkenntnis und Vervollkommnung gleichwertig. Ali und Mohammed sind miteinander verbunden wie die zwei Seiten einer Medaille oder die zwei Hälften eines Apfels, wie es das folgende Gedicht ausdrückt: „Ali ist Mohammed, Mohammed ist Ali, ich sah sie als einen Apfel, Preis sei Allah." (*Ali Muhammed'dir, Muhammed Ali. Gördüm bir elmadır, elhamdülillâh.*)

Bei der Erfahrung des göttlichen Geheimnisses diente den Aleviten der Heilige Ali als Helfer und ein Wegweiser. Deshalb identifizierten sich in diesem Zusammenhang manche alevitischen Geistliche in der Geschichte mit Ali.

Die Liebe zum Heiligen Ali nahm so sehr an Intensität zu, dass einige Geistliche mit dem Fortschreiten dieses Prozesses Ali als einen Teil ihrer selbst sahen. Dies war die beabsichtigte höchste Stufe, die sie erreichen wollten.

Der berühmte Bektaschi *Hilmi Baba* formulierte dieses Gefühl in seinem Gedicht:

Gehalten habe ich den Spiegel vor mein Gesicht
Ali erschien mir dort
Ich sehe tief in mich hinein
Ali erschien mir dort
Gesehen haben meine Augen,
Gesprochen meine Zunge
Wohin ich auch blicke
Ali erblicke ich dort.
Heilig ist Ali, mein Heiliger ist er

Hilmi Baba
Übersetzung: Eren Akıl (11 J.)

Ali ist der Nachfolger des Propheten Mohammed, da er ein Teil des göttlichen Geheimnisses ist

Nach alevitischem Glauben sind der Mensch und die gesamte Schöpfung ein Teil des Göttlichen. Gott erschuf den Menschen nach seinem Ebenbild und hauchte ihm seine Eigenschaften ein. Das schönste Geschöpf ist der Mensch. Dieses Prinzip gilt für die Frau und für den Mann gleichermaßen und bezieht sich nicht nur auf die Aleviten, sondern ist für alle Menschen gültig. Der Heilige Mohammed sagte: „Das erste göttliche Licht sind ich und Ali". Nach alevitischem Glauben bilden Gott – Mohammed-Ali eine unzertrennliche Einheit. Deshalb ist der am häufigsten ausgesprochene Spruch „üçleme" „Allah-Mohammed-Ali".

Der Glaube an die heilige Kraft bei Ali und Mohammeds persönlich ausgesprochener Wunsch, der Ali als seinen Nachfolger und Statthalter bestimmte, wird im Buch „Buyruk", klar und deutlich formuliert. Nach mehreren Überlieferungen äußerte Mohammed Ali als seinen Nachfolger: Z. B.: *Wer Ali lieb hat, hat gleichzeitig mich lieb. Und wer mich lieb hat, liebt Gott. Wer Ali feindlich steht, ist mein Feind und wer mein Feind ist, ist ohne Zweifel auch Gottes Feind. Ich bin wie eine Stadt des Glaubens (Wissen) und Ali ist dann das Tor zum Glauben (Wissen).*

Aleviten sind davon überzeugt, dass Ali aus vielen anderen Gründen Mohammeds rechtmäßiger Nachfolger ist, nämlich weil er sein Vetter, sein Schwiegersohn, sein Wegbegleiter und Mitstreiter, sein Retter vor dem Tod während der Wanderung nach Medina war und weil er der erste Gläubige nach Hatice, der ersten Frau des Propheten, war.

Ali als Freund der Unterdrückten und Schwachen

Der Heilige Ali und sein Sohn Heiliger Hüseyin sind für die Aleviten Symbole für den Kampf gegen das Unrecht. Ali übte sich in Geduld und Ausdauer, da er blutige Auseinandersetzungen vermeiden wollte, obwohl er dadurch erst als vierter Kalif die Nachfolge von Mohammed antreten durfte. Bei der Nachfolge war er zunächst übergangen worden. Diese unrechtmäßige Behandlung akzeptierte er Zeit seines Lebens nicht und brachte sie ständig zur Sprache.

Nach dem er zum Kalifen gewählt wurde, hat er alle unrechtmäßigen Anwendungen aufgehoben und das Recht in den Mittelpunkt seiner Handlungen gestellt. Sein Spruch war *„Wie kann ich mich wohl fühlen, wenn in meiner Umgebung Menschen (Frauen und Kinder) an Hunger leiden? Wie kann ich mich als das Haupt der Gläubigen damit zufrieden geben, ohne die weltlichen Sorgen und den Kummer mit der Bevölkerung zu teilen?"* Bei der Bekämpfung der Armut war er stets ein Vorbild für die Gläubigen. Der Heilige Ali war an der Seite der Unterdrückten und Schwachen, dementsprechend nahm er sie immer in Schutz, wobei er Gerechtigkeit für alle als Maßstab nahm.

Ali als Symbol für den Kampf gegen das Unrecht

Nach alevitischem Glauben leistet er den Unterdrückten seelischen Beistand und gibt ihnen Hoffnung. Er ist ein Vorbild bei der Bewältigung alltäglicher Sorgen und Nöte. Aleviten rufen ihn um Beistand, wenn sie nicht weiter wissen und Hilfe brauchen, mit folgendem Spruch: „Eil zur Hilfe Ali!". Der alevitische Geistliche Yunus Emre formulierte es wie folgt:

> *„Du bist mein Ali,*
> *Mein Weg ist der richtige.*
> *Meine Zunge sagt Ali*
> *Sie will Gott sagen."*

Anatolische Aleviten kennen den Heiligen Ali als ihren Wegweiser (pir) und ihren Geistlichen. Er ist für sie das Symbol für Gerechtigkeit und der Helfer in der Not. Er ist im Geiste immer und überall bei denjenigen, die ihn lieben. Ein Hilfesuchender kann sich immer seinen Beistand sicher sein.

Viele Weisheitssprüche, durch die Heiliger Ali sein Gedankengut vermittelte, sind durch uns überliefert.

Eine kleine Auswahl:

- *Beugt Euch vor Ungerechtigkeit nicht!*
- *Die beste Gottesgabe an den Menschen ist die Vernunft.*
- *Den Armen werden leider nicht beachtet, wenn sie auch richtige Aussage machten.*
- *Was du dir nicht zugefügt werden lassen willst, lass auch den anderen nicht zufügen.*
- *Mehr arbeiten und wenig beten, ist besser als wenig arbeiten und mehr beten.*
- *Das Herz ist das Buch, das durch Augen gelesen wird.*

Hz. Ali
Bild: Cengiz İyilik, Foto: Fuat Ateş

Hacı Bektaş Veli (ca. 1209–1295)

Hacı Bektaş Veli ist der Gründer des anatolischen Alevitentums. Sein Stammbaum geht bis auf den siebten Imam *MusaKazım* zurück, d.h. *Hacı Bektaş Veli* stammt aus der Familie des Propheten Muhammed. Er kam mit seiner Familie aus Nischabur bei Chorasan, das im heutigen Iran liegt. Dort kam er in seiner Jugend mit der islamischen Mystik in Berührung. Die Invasionen der Mongolen (vom 11. bis zum 13. Jahrhundert) führten zum Zerfall des seldschukischen Reichs und zur Errichtung kleiner Fürstentümer. Nach der Niederlage des Aufstandes von Baba Ishak in Amasya 1240, bei dem sich überwiegend alevitisch gesinnte Turkmenen gegen die seldschukische Herrschaft auflehnten, verteilten sich die überlebenden Gläubigen auf ganz Anatolien. *Hacı Bektaş Veli* überlebte diesen Aufstand. Er ließ sich in Karacahöyük, im heutigen *Hacıbektaş* nieder. Dort fand er die Möglichkeit, Gleichgesinnte um sich zu sammeln und seine Lehre systematisch auszubauen. Ein Kloster wurde gebaut und zahlreiche Schüler kamen zu ihm. Wanderderwische und wandernde Prediger trugen seine Lehre weiter in viele Dörfer und Städte. Während sunnitische Gelehrte gewöhnlich in arabischer Sprache zu den Leuten predigten, bevorzugte *Hacı Bektaş Veli* die türkische Sprache. Die Gedanken, die Hacı Bektaş Veli damals den Menschen vortrug, waren für seine Zeit revolutionär. Sie waren nicht nur für Sunniten attraktiv, sondern auch für Angehörige vieler verschiedener Religionen. Vor allem war es wohl der Humanismus, die Toleranz und die Liberalität, die die Menschen anzogen. Nächstenliebe gehörte zu den obersten Zielen. Jeder Mensch musste zunächst sich selbst kennen lernen. Das konnte er am besten, wenn er sich zu seinen Nächsten wie zu Geschwistern verhielt. *Hacı Bektaş Veli* lehrte, die Frauen mit Respekt zu behandeln. Er schrieb vor, dass sie an allen religiösen Zeremonien teilzunehmen hatten. Er lehrte, dass es zwischen den Menschen auch unterschiedlicher Religionen keine Differenzen zu geben habe. Angesichts der seldschukischen Herrschaft und Unterdrückung fand er großen Zulauf. *Hacı Bektaş Veli* wurde als Erlöser der Unterdrückten von den Menschen in Anatolien geliebt. Er war eine Hoffnung der Armen, ein Vertreter der Armen. Zu Ehren von *Hacı Bektaş Veli* findet in jedem Jahr zwischen dem 16. und 18, August in *Hacıbektaş* ihm zu Ehren eine Andacht statt. Zu seiner Anerkennung und seiner Verehrung in der Bevölkerung trug auch seine einfache Sprache bei. Viele Weisheitssprüche, durch die er seine Lehre vermittelte, sind uns überliefert.

Eine kleine Auswahl:

- *Der Verstand sitzt im Kopf und nicht in der Krone.*
- *Was immer du suchst, du musst es bei dir selber suchen! – Nicht in Jerusalem, nicht in Mekka.*
- *Andere haben die Kaaba, meine Kaaba ist der Mensch.*
- *Ein Weg ohne Wissen führt in die Dunkelheit.*
- *Das Licht der Augen kommt aus dem Herzen.*
- *Das Universum ist die sichtbare Gestalt Gottes.*
- *Die Taten zählen, nicht die Worte,*
- *Betet nicht mit den Knien, sondern mit den Herzen!*
- *Das wichtigste Buch ist der Mensch.*
- *Glücklich ist, wer die Gedankenfinsternis erhellt.*
- *Ermöglicht den Frauen eine gute Bildung!*
- *Es gibt kein Gegeneinander zwischen Gott und den Menschen, sondern nur ein*
- *Miteinander in tiefer Verbundenheit.*

Hacı Bektaş Veli
Bild: Cengiz İyilik, Foto: Fuat Ateş

128

Yunus Emre (1238–1320)

Yunus Emre ist als Dichter bei allen türkischen Muslimen sehr beliebt. Er ist einer der wichtigsten Wegbereiter des Alevitentums. In für allgemein verständlichen Versen drückt dieser große türkische Volksdichter seine mystischen Erfahrungen aus. Im Zentrum dieser Erfahrungen steht dabei die Gottesliebe. Diese Gottesliebe verbindet er weltoffen mit Fragen des Friedens, der Freundschaft und der Toleranz. Yunus Emre wurde um 1238 in Zentralanatolien geboren und starb dort um 1320 u.z. Seine Jugend verbrachte er in einem kleinen Dorf. Schon früh beschäftigte ihn das Geheimnis der Schöpfung. Er erkannte, dass die Sorgen der Menschen nicht nur eine Last darstellen, sondern auch ein Medium, das kreativ macht. Denn wenn die Menschen Sorgen haben, bemühen sie sich um Abhilfe. Im Deutschen passt hier der Spruch: „Not macht erfinderisch". Es wird erzählt, dass Yunus zur Zeit einer Hungersnot zu *Hacı Bektaş Veli* ging, um ihn um Getreide zu bitten. *Hacı Bektaş Veli* fragte ihn, ob er einen Wagen Getreide haben oder lieber Weisheit erlangen wolle. Wegen des hungernden Volkes entschied sich Yunus für das Getreide. Erst viel später wurde ihm klar, dass Weisheit das größere Gut sei. Und so ging er erneut zu *Hacı Bektaş Veli* und bat um Weisheit. Dieser schickte ihn darauf zu Taptuk Emre, der sein Lehrmeister wurde. Dort lernte er, die Sorgen der Menschen durch mystische Philosophie zu einer kreativen Lebenskraft zu machen. Das Körperliche sei vergänglich und nur Schein. Aber im Menschen brenne ein Feuer, das ihn als beseelte Materie die Ewigkeit erlangen lasse. Das Brennmaterial dieses Feuers sei die Liebe. Unterschiede zwischen Rassen, Religionen und im Verhältnis der Geschlechter lösten sich in diesem Feuer auf. Seine Philosophie, eingelassen in seine Gedichte, genießt bis heute bei den Aleviten und auch bei den Muslimen im türkischen Kulturraum große Zustimmung und Beliebtheit.

Mülk-i bekadan gelmişim:

Ich kam vom ew'gen Königreich,
was soll die Welt, vergänglich, mir?
Des Freundes Schönheit sah ich dort –
            Was sollen Huris, Gärten mir?
Trank einen Schluck vom Einheitswein
aus des Geliebten Hand ich dort,
und ich empfand des Freundes Duft –
was soll denn Chinas Moschus mir?
Ich bin ja Abraham; was soll
Ich mit dem Engel Gabriel?
Ich bin Muhammad, geh zum Freund –
was soll ein Dolmetsch da noch mir?
Bin Ismail, auf Gottes Weg,
da opfre meine Seele ich.
Die Seele wird zum Opferlamm –
Was soll ein Hammel-Opfer mir?
Gleich Hiob trage voll Geduld
ich des Geliebten Grausamkeit.
Gleich Georg auf dem Weg zu Gott –
Was soll mein Leben denn noch mir?
Wie Jesus lasse ich die Welt
und reise durch die Himmel weit,
ward Moses, dem die Schau geschenkt –
was soll „Wirst mich nicht sehen" mir?
Yunus in Liebe berauscht,
wird dem Geliebten vereint.
Zerschlug die Flasche auf dem Stein –
Was soll nun Name und Ehre mir?

Yunus Emre
Übersetzung: Annemarie Schimmel

Evvel benim ahir benim

Der Erste ich, der Letzte ich
Der Seelen Seele auch bin ich
Und dem, der müd' am Wege liegt,
der schnelle Hilfe bringt, bin ich

Der Blickte in der Zeit des „Sei",
Mit einem Blick die Welt geformt,
Mit Macht das Haus gestaltet hat,
Der Liebe Grund gelegt, bin ich.

Flach breitete ich aus dem Land,
Der setzt' die Berge schwer darauf,
Die Himmel ausgespannt als Zelt
Und weit gezogen, das bin ich.

Wie wundersam! Für Liebende
Ward Glaube ich und Religion;
Der in des Volkes Herz gelegt
Unglauben und Islam, bin ich.

Der Wohlsein für die Menschen schuf,
Der die vier Bücher richtig schrieb,
auf Weißem schwarze Lettern zog-
Der ewige Koran bin ich.

Der Zungen in Verwirrung setzt,
Den Liebes-Kessel kochen läst;
Die Hamza am Berg Kaf erschreckt,
Die Schlange voller Gift, bin ich.

Der dieses sagt, ist Yunus nicht,
Und der ganz aus sich selber spricht.
Es glaubt der Heide es ja nicht:
Der Erste, Letzte bin ja ich.

Yunus Emre
Übersetzung: Annemarie Schimmel

yar yüreğim yar
meine Seele ist mein Schatz
Was alles gibt es nicht darin.
Unter der Masse gibt es Leute,
die uns zum Lachen finden.

Lasst sie nur lachen
Der Gerechte ist mit uns.
Woher sollen sie wissen?
Wie sehr wir die Gerechtigkeit lieben.

Dieser Weg ist weit.
Er hat mehrere Ziele
der Ziele sind viele
Aber es gibt auch tiefe Flüsse.

Wir sind gemeinsam unterwegs
volle Liebe.
In der Fremde
Dort wartet der Meister auf uns.

Wer mutig ist,
soll in die Mitte kommen.
Alles soll offenbar werden
Nichts verborgen bleiben.

Es gibt keinen Platz für Yunus
Denn dort gibt es reifere Seelen.

Yunus Emre
Überzeugung: Ismail Kaplan

yüce sultanım

Ich fand die Seele der Seelen.
Ich stelle mein Leben Gott zur Verfügung.
Verzichte auf alle Verdienste
Aus meiner Fülle kann jeder nehmen.
meine Seele hü, mein Meister hü
Die Wahrheit hü
Die Gerechtigkeit hü

mein Meister
mein Heilmittel
meine Seele im Körper
Ich rufe Dich, hü

du bist mein Ali
du bist mein Ziel
meine Zunge im Mund
Ich rufe Dich, hü

Ich mag nicht teilen
Ich sehne mich nach Einheit
Allen Kummer will ich auf mich nehmen
Alle Heilmittel will ich anderen gönnen.

Yunus verkündet süße Worte
Hat Zucker und Honig gesaugt
Ich fand den Honig der Honige
Und stelle doch meine Wabe allen zur Verfügung.

Yunus Emre
Überzeugung: Ismail Kaplan

Be hey kardeş hakkı bulam mı dersin?

Bruder, willst du die Wahrheit finden,
Ohne eine gute Tat zu begehen
Meinst du das Geheimnis öffnen zu können,
Ohne einen Meister zu folgen.

Bruder, komm, sehne dich nach der Einheit,
Einheit ist das Heilmittel gegen dein Ego
Kocht Wasser von sich aus im Kessel?
Ohne Feuer darunter?
Meine Liebe verbrennt mein Herz
Wozu brauche ich noch mein Selbst?
Glaubt ihr wirklich, Yunus scheut sich es auszusprechen?
Soll ich denn sterben, ohne die Wahrheit zu verkünden?

Yunus Emre
Überzeugung: Ismail Kaplan

İşitin ey yarenler:

Hört zu! meine Freunde
Liebe ist hell wie die Sonne.
Eine Seele ohne Liebe
ist dunkel wie eine Höhle.

Sei fleißig, verdienstvoll und freigiebig
Gewinne die Seele der Menschen!
Ein Besuch, der einem Menschen Freude bereitet,
ist tausendmal verdienstvoller als eine Pilgerfahrt nach Mekka.

Wehe, du kränkst die Seele eines Menschen,
dann zählt dein Gebet nicht mehr.
Und nichts diesen Schaden rückgängig machen.

Kommt, lasst uns Freunde sein.
Machen wir uns das Leben nicht schwer.
Wir lieben und lassen uns lieben
Die Welt ist ja so vergänglich.

Yunus Emre
Überzeugung: Ismail Kaplan

Pir Sultan Abdal (16. Jh.)
Eine der Sieben Größten alevitischen Dichter

Pir Sultan Abdal, der sich als Dichter und Gelehrter im Volke einen großen Namen gemacht hatte, ist die bedeutendste Persönlichkeit für Aleviten. Er lebte im 16 Jh. in *Banaz* bei *Sivas* (Mittelanatolien) und wurde wegen seiner Rolle in einem Aufstand gegen die Osmanische Macht um 1590 in *Sivas* aufgehängt. *Pir Sultan* ist unter Aleviten und überhaupt unter dem Volk in Anatolien so bekannt, dass seit zwanzig Jahren in Banaz ihm zu Ehren ein Kulturfestival organisiert wird. Das Pir Sultan –Festival im Jahre 1993 wurde am 2. und 3. Juli in *Sivas* veranstaltet. Gleich am ersten Tag am 2. Juli 1993 wurde dieses Festival von islamistischen Fundamentalisten attackiert und 37 Menschen überwiegend Künstlerinnen und Künstler wurden bei diesem Massaker ermordet.

Die folgende bekannte Legende über Pir Sultan Abdal, so wie man sie im türkischen Volk erzählt, beschreibt ihn und seinen Kampf gegen Ungerechtigkeit sehr treffend.

„Ein Mann namens *Hızır* aus *Sivas* ging nach Banaz, der Stadt, in der *Pir Sultan Abdal* lebte. *Hızır* wurde *Pir Sultans* Schüler und nachdem er ihm sieben Jahre lang treu und aufmerksam gedient hatte, bat er seinen Lehrer um Fürbitte bei Allah, denn er war ehrgeizig und strebte ein sehr hohes Staatsamt an.

In der Tiefe seines Herzens fürchtete Pir Sultan die zukünftige Macht *Hızırs*, trotzdem erlaubte er ihm fort zu gehen.

Hızır ging nach Istanbul und stieg nach mehrjährigem Staatsdienst zum Pascha, dem höchsten militärischen Rang, auf. Als solcher wurde er Gouverneur seiner Heimatprovinz *Sivas*.

Aber wie sehr er sich von den Lehren seines ehemaligen Lehrers *Pir Sultan* entfernt hatte, zeigte sich später. All das, was der Weise befürchtet hatte traf ein. Hızır setzte die Bevölkerung unter Druck, verletzte im Namen der osmanischen Herrscher die Rechte der Menschen, wurde korrupt.

Und dann eines Tages, wohl auch beeinflusst durch seinen Vertrauten, den „blinden

Mufti", gab *Hızır* bekannt, er werde alle Schah-Anhänger, die Aleviten, zu denen sich auch sein Lehrer zählte, töten lassen. *Pir Sultan Abdal* aber ließ sich davon nicht beeinflussen. Er dichtete immer neue Lieder, in denen er seine Liebe zu Ali, dem Schwiegersohn Mohammeds und dem Schah besang, so, wie er es auch früher schon getan hatte.

Als *Hızır* das hörte, ließ er Pir Sultan zu sich holen. Als er dem Gelehrten nach so vielen Jahren wieder gegenüber stand, zeigte er ihm seine Achtung und bot ihm reichlich zu essen an. *Pir Sultan* aber lehnte ab. *„Diese Speisen"* sagte er, *„hast du unrechtmäßig erworben. Du hast sie dem Volk gestohlen. Sieh, nicht einmal meine Hunde essen davon!"*

Zornig ließ der *Hızır* Pascha *Pir Sultan* in den Kerker werfen. Nach einiger Zeit ließ er ihn wieder frei und befahl ihm, drei Strophen zu singen, in denen die Liebe zum Schah nicht zum Ausdruck kam. *Pir Sultan* trug drei Strophen vor, die alle vom Schah erzählten und seiner großen Liebe zu ihm. In diesem Moment verurteilte *Hızır Pir Sultan Abdal* zum Tode. Doch noch während der Pascha sprach, sang Pir Sultan wieder eine Strophe, die die Gerechtigkeit des Schahs betonte. Daraufhin verschärfte Hızır Pascha, ein früherer Schüler des *Pir Sultan Abdal*, sein Urteil und befahl der Bevölkerung den Dichter während der Hinrichtung zu steinigen. Er befahl auch *Ali Baba*, dem besten Freund und Weggefährten *Pir Sultan*s bei der Hinrichtung zu erscheinen und *Pir Sultan* zu steinigen. Daraufhin bewarf *Ali Baba* seinen Freund mit einer Rose, der noch während er starb, einen Vers über die Freundschaft und seine seelische Verletzung durch die Rose vortrug."

Pir Sultan als Vorbild:

Pir Sultan Abdal war ein wahrhaftiger Held für das Volk. Er sang für sein Volk, er starb für sein Volk. Er sang seine Lieder in der Sprache des Volkes, was zu seiner Zeit nicht selbstverständlich war. Auch deshalb lebt er mit seinen Liedern und seinen Ideen im Volk weiter.

Hätte *Pir Sultan Abdal* sich der List des *Hızır Paşa* nicht gewährt, wäre er vor der Ungerechtigkeit, der Unterdrückung und Grausamkeit der osmanischen Machthaber in die Knie gegangen. Er beugte sich nicht, sondern ging zum Galgen. Er opferte sich, aber sein Volk verriet er nicht.

Historischer Hintergrund zur Zeit von Pir Sultan Abdal:

Vor der Errichtung des osmanischen Reiches herrschte im 13. Jahrhundert Frieden unter den Religionsgruppen in Anatolien. Die Muslime der unterschiedlichsten Richtungen, Aleviten und Sunniten, Turkmenen, die teilweise das Brauchtum des Schamanismus praktizierten, Armenier und Griechen lebten friedlich miteinander. Die damalige politische Macht in Anatolien berücksichtigte dieses Völkergemisch und erhielt so über viele Jahre Ordnung und Frieden.

Auch während der Gründungsphase des osmanischen Reiches versuchte man noch, alle Gruppen gleich zu behandeln.

Jedoch vergrößerte sich das osmanische Reich bereits im 14. Jahrhundert bis nach Mittelanatolien und Mazedonien. In den folgenden Jahrzehnten führten die Osmanen eine Unmenge von Kriegen, die das Reich an den Rand des finanziellen Ruins führte. Vor jedem Krieg erhöhte man dem zur Folge die Steuern, die mit zum Teil sehr rigorosen Maßnahmen eingetrieben wurden.

Nach und nach wurde die Bevölkerung unruhig und begann, Widerstand gegen die osmanische Macht zu leisten. Scheich Bedreddin, ein islamischer Gelehrter und Richter, spielte dabei eine wichtige Rolle. Er verbreitete eine Lehre von der Gleichheit aller Menschen und forderte die Abschaffung der Vermögensanhäufungen und Kriegssteuern. An seiner Seite kämpften die armen turkmenischen Bauern. Ihnen gegenüber standen die Besitzeigentümer und die Regierungsgelehrten des sunnitischen Islam.

Im Jahre 1417 wurden Tausende von Anhängern von *Scheich Bedreddin* von osmanischen Milizen nahe der Stadt *Manisa* ermordet. Man spricht von der Hinrichtung von 40. 000 Menschen. *Scheich Bedreddin* selbst wurde im Jahre 1421 in Serez gekreuzigt. Seine Lehren aber starben nicht, sie wurden von den alevitischen Turkmenen übernommen und erweitert. Diese Turkmenen, die in Anatolien ihre Lebensexistenz gefährdet sahen, fingen an, sich nach Osten zu bewegen. *Schah Ismail* von Persien (schiitisch) war ihre einzige Hoffnung, der Gefahr der Ausrottung zu entgehen. Die osmanischen Machthaber aber wollten diese Fluchtbewegung stoppen und ließen abermals Tausende Menschen, vor allem aber Geistliche und Wortführer der Aleviten ermorden. Zur Begründung ließen sie verbreiten, die Aleviten hätten dem osmanischen Reich den Religionskrieg erklärt. Im Jahre 1512 erklärte der osmanische Sultan Selim der Erste dem Schah von Persien den Krieg. Auf dem Weg nach Ostanatolien wurden wieder Zehntausende Aleviten ermordet. Sie würden, so hieß es, dem osmanischen Heer in den Rücken fallen. *Schah Ismail* verlor diesen Krieg. Die Osmanen beherrschten nun ganz Anatolien bis hin zum Iran. Aber es gab keine Ruhe. Trotz zahlreicher Meuchelmorde und Blutbäder, die die Osmanen unter der alevitischen Bevölkerung anrichteten, blieb der Widerstand ungebrochen. Die Menschen sahen im osmanischen Reich nicht ihren Staat, sondern ihren Gegner den zu bekämpfen es galt. Heftigste Aufstände, an denen sich auch Teile der sunnitischen Bevölkerung beteiligten, gab es, als Süleyman I, der wohl grausamste aller osmanischen Herrscher versuchte, eine Steuer und Bodenreform durchzusetzen, die weiten Teilen der ohnehin schon verarmten Bevölkerung jede Lebensgrundlage genommen hätte. Diese Aufstände wurden brutal niedergeschlagen. Tausende von Menschen, Männer, Frauen, Kinder wurden ermordet. Das Volk blutete. In dieser Zeit lebte *Pir Sultan Abdal.* Er sah im osmanischem Staat das, was er war: Ausbeuter und Mörder.

Über die Lebensgeschichte des Gelehrten *Pir Sultan Abdal* erfahren wir einiges aus den so genannten Volksheften (*Cönkler*). Demnach kam die Familie Pir Sultans aus Ostpersien über Aserbaidschan in die Provinz Sivas in Anatolien. Dort ließ sie sich in dem Dorf *Banaz* nieder. In einem der Versen Pir Sultans kann man entnehmen, dass sein Name *Koca Haydar* gewesen ist und dass seine Familie aus *Yemen* nach *Banaz* kam. Ob diese Aussage nach der *Batini*-Lehre zu verstehen ist, soll offen gelassen werden. Nach der *Batini*-Lehre, der die Aleviten auch folgen, identifizieren sich mache alevitische Gelehrte mit den Persönlichkeiten, die zuvor gelebt hatten. Mit *Koca Haydar* kann hier auch Heilige Ali gemeint sein.

Açılın kapılar Şah'a gidelim

Ehe Hızır Paşa die Schlinge zuzieht,
Öffnet die Tore, wir gehen zum Schah
Eher als Strafgericht und Todesakt
Öffnet die Tore, wir gehen zum Schah

Drängt doch das Herz schon zum Haus des Schah,
Will das Leben sich wandeln in den Moschusduft,
Ali mein Pir, erster der Zwölf Imame, denen wir folgen,
Öffnet die Tore, wir gehen zum Schah.

Wohin ich noch komme, mein Weg ist verhangen;
Die uns das antun, weh über sie.
Wie lange schon zerquetscht die Kette meinen Hals,
Öffnet die Tore, wir gehen zum Schah.

Schon sorgt sich mein Herr, wo bist du Pir Sultan;
Die Wunde heilt nicht, der Schmerz macht mich taub.
Meine Schreie bauen zu seinem Thron eine Leiter,
Öffnet die Tore, wir gehen zum Schah

Pir Sultan Abdal
Übersetzung: Gisela Kraft

Şu kanlı zalimin ettiği işler

Die blutigen Taten, die jene Grausamen vollbrachten,
Lassen mich klagen wie eine einsame Nachtigall
Wie der Regen fallen mir die Steine auf meinen Kopf.
Nur ein Fingerschnippen des Freunds schlägt mir Wunden.

An schwarzen Tagen erkannte ich meinen Freund, meinen Feind
Einst hatte ich zehnfachen Kummer, jetzt ist er fünfzigfach.
Das Todesurteil wurde über mich gesprochen
Ob sie mich hängen oder erschießen.

Ich bin Pir Sultan Abdal, die Seele gelangt nicht zum Himmel
Wenn der Befehl von Gott nicht kommt, gibt es keine Gnade
Die Steine der anderen können mich nicht verletzen
Allein die geworfene Rose des Freunds verletzt mich.

Pir Sultan Abdal
Übersetzung: Gisela Kraft

Bin cefalar etsen almam üstüme

Haltet tausend Qualen bereit
Ich fühle sie nicht.
Dein Wort ist süß, mein Freund,
Wenn du in die Fremde ziehst,
so kommt die Winterzeit,
die deine Wege versperrt,
mein Freund.

Pir Sultan Abdal bin ich.
Und sie beraubten meine Rose
Und zerpflücken mein Leben.
Auch wenn sie mich die Welt besitzen ließen
Doch was bedeutet mir die Welt?
ohne dich, mein Freund?

Güzel aşık cevrimizi çekemezsin demedim mi?

Habe ich dir nicht gesagt, mein Freund?
was dir solcher Demut abverlangt,
geht über deine Kräfte.
Dieser Kreis bleibt dir verschlossen
Hab ich dir das nicht gesagt?

Wer solche Mühe nicht auf sich nehmen kann
Bleibt draußen hilflos und allein
Muss weinen, bis das Blut ihm aus den Augen fließt.
Die Chance ist vertan noch eh du dich versiehst.
Habe ich dir das nicht gesagt?

Pir Sultan Abdal
Übersetzung: Ismail Kaplan

Derdim çoktur hangisine yanayım

Die Wunde meines Herzens ist wieder aufgerissen
Wo nur finde ich ein heilendes Mittel
Ob mein Schah mir helfen kann?

Mein Herr – mein Herr – oh mein Herr
Ich flehe um Heilung

Sie trägt bunte Kleider und ist zarter als eine Rose
Schweig Nachtigall, dein Gesang verblaßt vor der Schönheit dieser Rose
Ich vergehe vor Sehnsucht, mein Herz ist verwundet
Geliebte meines Lebens, komm doch zurück

Mein Herr – mein Herr – oh mein Herr
Ich flehe um Heilung

Ich bin Pir Sultan, doch du siehst mich nicht an
Gehst ohne Gruß an mir vorbei

Du Schöne du, warum scheust du dich mit mir zu reden
Ist das die Sitte unseres Landes?
Mein Herr – mein Herr – oh mein Herr
Ich flehe um Heilung

Pir Sultan Abdal
Überzeugung: Ismail Kaplan

Ötme Bülbül ötme şen değil bağım

Schweig Nachtigall, im Garten herrscht Trauer
Weil du, mein Freund, hier bist und ich fern von dir.
Mein Docht verbrannt, mein Wachs ist weggeschmolzen.
Weil ich an deinem Leid leide.

Ich als Fluss, der sich im Meer verloren hat.
Ich als Rose, vor der Zeit erblüht und verwelkt.
Ich als kalte Asche – das Feuer ist lange erloschen.
Weil ich an deinem Leid leide.

Was sie mir angetan haben, du wirst es erfahren.
Durch die Vergegenwärtigung der Märtyrer verschließt du meine Wunden
Leidvolle vierzig Jahre der Einsamkeit
Bei den Hirschen in der Einöde der Berge
Weil ich an deinem Leid leide.

Einmal bin ich der ganze Pir Sultan Abdal
Und einandermal nur noch sein Schatten
Hunger und Durst bedeuten mir nichts mehr.
Mein Leben wurde mir genommen, weil ich Gott/Hak über alles liebte
Weil ich an deinem Leid leide.

Pir Sultan Abdal
Übersetzung: Ismail Kaplan/Dr. Klaus Thimm

Hazreti Şahın avazı

Die Stimme des Allerhöchsten
ist auch aus einem Kranich vernehmbar.
Sein Stab steckt im Nilwasser
Sein Gewand wird von einem Dervisch bewahrt.

Frag nicht, wo ihr Pir Sultan finden könnt
Seine Seele steht vor dem ewigen Gericht.
Sein Reittier(Düldül) steht an der Grenzen der Erde.

Pir Sultan Abdal
Übersetzung: Ismail Kaplan

Alevitisches Gebet (Gülbenk) zum Millenniumswechsel 2000

Allah, Allah,
Gesegneter Abende für uns alle.
Unsere Zusammenkunft möge langfristig sein.
Unsere Vorhaben mögen zur Wirklichkeit werden, Trennungen mögen uns nicht treffen, Freundschaften mögen ewig geschlossen werden.

Allah, Allah,
72 Völker[97] mögen gegen Gefahren von Gewalttätigen geschützt werden.
Der Hass möge zur Liebe, der Krieg zum Frieden verwandelt werden.
Die Kriege und Katastrophen mögen endlich beendet sein und
alle Bosheiten mögen verschwunden sein.
Das Jahr 2000 möge uns allen Geschwisterlichkeit, Freundschaft und Üppigkeit bringen.

Allah, Allah,
Gib uns Fruchtbarkeit vom Himmel und Erde.
Unfälle und Naturkatastrophen mögen nicht auf uns kommen.
Schenke Genesung den Kranken, Lösung den Behinderten, Vergebung den Schuldigen, Schutz den Weisenkindern und Mitleid den Bösen.
Gib uns allen Ruhe und Wohlfahrt.

Allah, Allah,
Der Wegweiser aller Propheten und zuletzt Mohammed-Ali,
Zeig uns den richtigen Weg von der Vergangenheit in die Zukunft.
Gib uns auch ein Teilchen von dem Licht und der Energie von den Zwölf-Imamen,
Erleuchteten und Weisen.

Allah, Allah,
Mögen unsere Gebete angenommen, unsere Wünsche verwirklicht werden.
Allah, Muhammed und Ali mögen uns dabei helfen.

Hü der ewigen Wahrheit

Übersetzung: Ismail Kaplan

Tischgebet

Kurze Einführung

Das Mahl bzw. die Mahlverteilung ist einer der Besonderheiten in der alevitischen Tradition. Wir legen einen großen Wert darauf das Essen gemeinsam zu verzehren bzw. es gerecht an die Gemeinschaft zu verteilen. Dahinter steckt die Bestrebung, dass das Essen gerecht verdient und verteilt wird, wobei das Einvernehmen eine große Rolle spielt, denn es symbolisiert Solidarität und Gleichbehandlung in der Gemeinschaft.

Vor und nach dem Essen wird ein Gebet – Gülbeng – gesprochen. Wenn wir Gülbeng wörtlich übersetzen, dann bedeutet es Rosenstrauß, d.h. es ist eine Art Liebes-Symbol an Allah(Hak)-Muhammed-Ali.

Eine andere Besonderheit ist, dass im Tischgebet immer die 3. Person im Allgemeinen angesprochen wird und nie jemand/Gott direkt. Somit stellt das Gebet auch keinen Dank gegenüber Gott im eigentlichen Sinne dar, denn wir kennen keine Barriere zwischen Gott und Mensch, sondern der Aufruf bzw. der Wunsch oder die Aufforderung gilt an alle.

Wie schon erwähnt nimmt die Mahlverteilung und das Essen als Gabe eine hohe Stellung bei den Aleviten ein. In diesem Zusammenhang wird auch Bezug auf Jesus genommen.

Vor dem Essen:

Da sprach Jesus, der Sohn der Maria: „O Allah, unser Herr, sende zu uns einen Tisch vom Himmel herab, dass es ein Festtag für uns werde, für den ersten und letzten von uns, und ein Zeichen von Dir; und versorge uns, denn du bist der beste Versorger." [98]

Bu gitti yenisi gele
Hak-Muhammet-Ali bereketini vere

Pişirip kotaranlara
Yedirip yiyenlere
Aşk şevk nur i iman ola
12 İmam, 14 masumu pak efendilerimizin
bağbı saadetlerinden ola
Kurban sahiplerinin kurbanları
Çerağ sahiplerinin çerağları
Niyaz sahiplerinin niyazları
Dergah izzetinde kabul ve makbul ola
Hak erenler bizi birlikten ayırmaya
Üçler, beşler, yediler, kırklar gülbank ı Muhammet
Peygamberlik nuruna Alinin keremine
Cömertlerin cemine ve gerçeklerin demine hü.

Möge frisches Mahl folgen, wenn wir dieses verzehrt haben.
Mögen Hak-Muhammed-Ali es segnen.
Denjenigen, die die Zutaten bringen, zubereiten, essen und dafür sorgen,
dass es gegessen wird, möge dies als Zeichen des innigen Glaubens angerechnet
werden.
Mögen diese Gaben aus der Hand der Heiligen stammen.
Mögen die Dienste Anerkennung finden und angenommen werden.
Mögen Hak und die Heiligen uns nicht von einander trennen.
Und möge dieses Gebet gülbang-ı Muhammed für das Licht des Propheten und
Alis Großmut stehen.
Hü (Gott) für die Großzügigen und für die Wahrheit!

Nach dem Essen:

„Und sie speisen mit eigenem Essen, aus Liebe zu ihm, den Armen und die Waisen
und den Gefangenen. Siehe, wir speisen euch nur um Allahs willen; wir begehren
keinen Lohn von euch noch Dank."[99]

Evvel allah diyelim
Kadim allah diyelim
Her dem allah diyelim
İndi Ali sofrası

Destur Şah diyelim
Şah versin biz yiyelim
Demine hü diyelim

> *Sagen wir am Anfang Hak (Gott)*
> *Sagen wir am Ende Hak*
> *Sagen wir immer zu Hak*
> *Gedeckt ist Alis Tisch*
> *Bitten wir um seine Erlaubnis*
> *Er möge geben und wir mögen verzehren*
> *Sagen wir hü (Gott) für die Wahrheit*

Übersetzung: Dilek Öznur

Foto: AABF-Archiv

Alevitische Gemeinde Deutschland e.V.
Almanya Alevi Birlikleri Federasyonu (AABF)

Alevitische Gemeinde Deutschland e.V. ist eine Dachorganisation, die seit 1991 besteht und zur Zeit 96 Vereine organisiert sind. Die Alevitische Gemeinde Deutschland hat ihren Sitz in Köln. Die AABF hat das Hauptziel, die kulturelle Identität sowie die religiösen und philosophischen Werte der in Europa lebenden Aleviten zu bewahren und die Entwicklung dieser Werte zu fördern. AABF versteht sich als reine Selbsthilfeorganisation der migrierten Arbeitnehmerinnen und Arbeitnehmer alevitischer Glaubensrichtung aus der Türkei. Insgesamt vereinigen sich unter dem Dachverband der AABF über 96 Vereine in Deutschland. In den Mitgliedsvereinen sind mehrheitlich Menschen alevitischer Herkunft Mitglied, jedoch beträgt der Anteil der nicht alevitischen Mitglieder – darunter auch deutscher Herkunft – nicht weniger als 20% aller Mitglieder.

Als Dachverband fördert die AABF u. a. die soziale und gesellschaftliche Integration der Migrantinnen und Migranten in Deutschland unabhängig von Herkunft und Religion. Daher tritt sie der Fremdenfeindlichkeit, dem Rassismus und den Übergriffen auf Fremde entschieden entgegen. Sie strebt mit den Vereinen und Gesellschaften freundschaftliche Dialoge an, die sich um die Lösung gesellschaftlicher Probleme kümmern. Auf der Basis gegenseitiger Toleranz fördert die AABF das friedliche Zusammenleben von Menschen verschiedenen Glaubens und Kultur.

Sie kümmert sich im Rahmen ihrer Tätigkeit insbesondere um den Schutz und die Weiterentwicklung kultureller Eigenständigkeit, religiöser und philosophischer Werte der in Deutschland lebenden Aleviten. Ziel ist es, dass die Aleviten ihre eigene Kultur und Eigenständigkeit schützen und dabei ein Teil der hiesigen Gesellschaft werden.

Die AABF organisiert kulturelle Veranstaltungen, betreut Kulturgruppen, führt in einzelnen Vereinen, auch zentral organisierte, Veranstaltungen zu Themen wie z. B. Einbürgerung, Schulprobleme, Religionsunterricht, Übergang Schule–Beruf und Existenzgründung zur Selbständigkeit durch.

Überblick über die Entwicklung der AABF[100]

Der Organisationsprozess der Aleviten im Ausland begann im Grunde genommen mit der Gründung der Föderation der Patrioten Vereine (*Yurtseverler Birliği Federasyonu*). Diese Organisation hat jedoch seine Arbeit in der Zeit um 1983 eingestellt.

Die Organisation der Aleviten in Europa hat im Jahr 1986 mit der Gründung der Aleviten-Bektaschi-Vereine in den Städten Mainz, Frankfurt, Dortmund, Köln, Heilbronn, Stadtallendorf, Hamburg, Berlin, St. Pölten, Duisburg, München, Stuttgart und Ahlen eine neue Form erhalten.

Die im Jahr 1988 begonnenen Arbeiten führten mit dem Zusammenkommen der sieben Vereine am 17.01.1991 zur Gründung der Föderation Alevitischer Gemeinschaften in Deutschland (*Almanya Alevi Cemaatleri Federasyonu*). Mit dem Eintreten neuer Vereine in die Föderation wurde sie im Jahre 1992 umbenannt zu „Föderation der Aleviten-Gemeinden in Deutschland e.V." (*Almanya Alevi Birlikleri Federasyonu*). Nebst Neugründungen traten noch die bis dahin nicht beigetretenen Gemeinden von Berlin, Hamburg, Köln, und Mannheim in die Föderation ein; somit erhöhte sich die Anzahl der Gemeinden in der Föderation im Jahr 1993 auf 44.

Das Massaker in Sivas am 2. Juli 1993 brachte die Verstärkung des Widerstandes gegen die Gewalttaten und Gemetzel mit sich. Als Folge dessen traten die bis dahin nicht organisierten Aleviten zu Hunderten in die Aleviten-Gemeinden ein und wurden in mehreren Städten in Europa neue alevitische Gemeinden gegründet.

Nach Eintritt der alevitischen Gemeinden in Holland, Österreich, der Schweiz, Frankreich und England in die Föderation Aleviten Gemeinden Deutschland wurde am 31. Oktober 1994 die Satzung der Föderation den neuen Erfordernissen angepasst und der Name der Föderation wurde als Föderation der Aleviten-Gemeinden in Europa e.V. „*Avrupa Alevi Birlikleri Federasyonu*" kurz AABF abgeändert. Am 25. November 1997 wurde durch die Satzungsänderung beschlossen, die europaweite Organisation in Form einer „Konföderation" zu gestalten. Daher wurde die AABF erneut zu Föderation der Aleviten Gemeinden in Deutschland umbenannt. Aufgrund der neuen Gegebenheiten wurde am 21.09.2002 eine neue Satzung verabschiedet und der Name als „Alevitische Gemeinde Deutschland e.V." geändert. Der türkische Verbandsname wurde als „*AABF – Almanya Alevi Birlikleri Federasyonu*" beibehalten.

Nach einer langen Vorbereitungsphase wurde am 18. Juni 2002 die Konföderation der Alevitischen Gemeinden in Europa in Brüssel gegründet. In der Konföderation sind alevitische Gemeinden aus den folgenden europäischen Ländern vertreten: Deutschland, Frankreich, Dänemark, Belgien, Niederlanden, Österreich, Schweden und der Schweiz.

Die Ziele der Alevitischen Gemeinde Deutschland (AABF)

Die zuletzt durch den Satzungskongress vom 21. September 2002 beschlossenen Ziele der AABF sind folgende:

1. Die AABF versteht sich als eine Glaubensgemeinschaft im Sinne des Grundgesetzes der Bundesrepublik Deutschland.
2. Die AABF vertritt die Interessen ihrer Mitgliedsgemeinden gegenüber Dritten, seien diese juristische oder natürliche Personen öffentlich-rechtlicher oder privatrechtlicher Natur. Sie bemüht sich, den Glaubensinhalt der Glaubensgemeinschaft und die gesamte Kulturtradition nach außen bekannt zu machen. Insbesondere setzt sich die AABF dafür ein, dass an öffentlichen Schulen in Deutschland Religionsunterricht nach dem Bekenntnis und Selbstverständnis des alevitisch-bektaschitischen Glaubens eingeführt wird. Sie setzt sich auch dafür ein, dass die AABF als eine Körperschaft des öffentlichen Rechts im Sinne des Grundgesetzes anerkannt wird.
3. Die AABF unterstützt ihre Mitglieder bei der Errichtung von Gebetshäusern (*Cemevi*) sowie Bibliotheken mit spezieller Literatur über die Glaubenslehre der Aleviten-Bektaschiten, der alevitisch-bektaschitischen Kultur und ihrer philosophischen Werte.
4. Die AABF fördert ihre Mitglieder beim friedlichen Zusammenleben mit Menschen unterschiedlichen religiösen Bekenntnisses und kultureller sowie ethnischer Herkunft. Sie setzt sich für Gleichberechtigung und Gleichbehandlung aller Gesellschaftsmitglieder ein.
5. Die AABF setzt sich für die Befriedigung religiöser, kultureller und sozialer Bedürfnisse ihrer Mitglieder ein, und bemüht sich um die Integration der Aleviten in die deutsche Gesellschaft unter Bewahrung alevitischer Glaubensidentität und alevitischer Kultur.
6. Die AABF bemüht sich um eine säkulare, demokratische und zeitgemäße Erziehung alevitischer Jugendlicher im Sinne des alevitisch-bektaschitischen Glaubens, der Lehre und der Kultur.
7. Die AABF bemüht sich im Lichte der alevitisch-bektaschitischen Lehre um Umweltschutz. Sie fördert auch sportliche Zwecke. Die AABF bemüht sich um das kulturelle Erbe alevitisch-bektaschitischer Würdenträger, wie Dichter, Geistliche und andere Persönlichkeiten.
8. Die AABF fördert zur Erreichung, Verbreitung und Entwicklung ihrer Ziele Frauen, Jugend- und Sportverbände. Sie richtet Presseabteilungen und Kommissionen für besondere Aufgaben ein. Sie fördert die wissenschaftliche Erforschung des aleviti-

schen Glaubensinhaltes und der Glaubensüberlieferung. Zur Erreichung dieser Ziele können Stiftungen und Institute eingerichtet werden. Des weiteren setzt die AABF ihre Ziele um, indem sie Konferenzen, Kurse, Seminare, Podiumsdiskussionen, Pressekonferenzen veranstaltet und Publikationen herausgibt.

9. Sie hilft ihren Mitgliedern bei der Lösung von Problemen, die im Zusammenhang mit Bestattungen auftreten.

10. Die AABF bekennt sich zu den Menschrechten und den Gesetzen in Deutschland, soweit sie universellen Menschenrechten nicht widersprechen (Widerstandsrecht). Sie bekennt sich insbesondere zur unantastbaren Würde des Menschen und der Gleichberechtigung von Mann und Frau. Sie begrüßt die umfassende Gewährleistung von Glaubensfreiheit unter Beachtung der strikten Neutralität des Staates.

11. Die AABF fördert karitative Tätigkeiten. Insbesondere betätigt sie sich im Bereich der Seniorenbetreuung, Kindererziehung, Jugendarbeit und Fürsorge für bedürftige Menschen wie Obdachlose und benachteiligte Gruppen. Sie betätigt sich auch im Bereich der Seelsorge.

12. Die AABF unterhält in der Türkei, in Europa und in anderen Ländern zu Vertretern und Institutionen alevitisch-bektaschitischer Vereinigungen freundschaftliche sowie kooperative Beziehungen.

13. Die AABF unterstützt Bemühungen, dass der alevitische Glaube in der Türkei durch die Verleihung einer gesicherten verfassungsrechtlichen Stellung Anerkennung findet.

14. Die AABF tritt anderen Organisationen bei, die den Zielen der AABF entsprechen.

Aufbau der Alevitischen Gemeinde Deutschland

Die Mitglieder der AABF üben ihre Mitgliedschaftsrechte durch Delegierten aus den einzelnen Gemeinden in der Mitgliederversammlung aus. Die Satzungen der Mitgliedsgemeinden entsprechen der Satzung der AABF. Die Gemeinden bestehen aus den Vorständen, Aufsichtsrat, Disziplinrat und in vielen Gemeinden auch Geistlichenrat. Alle Instanzen werden von der Gemeinde gewählt.

Die Mitgliederversammlung der AABF ist das oberste Entscheidungsorgan. Die ordentliche Mitgliederversammlung findet jährlich statt. Der Vorstand besteht aus zwölf Mitgliedern. Sie werden von der Mitgliederversammlung für die Dauer von drei Jahren in geheimer Wahl gewählt. Nach der Wahl wählt der Vorstand seinen Vorsitzenden. Der Vorsitzende des Geistlichenrats ist auch ein ordentliches Mitglied des Vorstands. Er darf jedoch kein weiteres Amt als sein eigenes ausüben. Er hat bei den Vorstandssitzungen Rede- und Stimmrecht.

Innerhalb der Alevitischen Gemeinde Deutschland ist für die Fragen geistlicher Art der Geistlichenrat zuständig. Der Geistlichenrat besteht aus zwölf Geistlichen und einem Vertreter des Vorstands der AABF. Den Geistlichenrat bilden die aus den Mitgliedsgemeinden entsandten Geistlichen. Dabei werden alle Alevitischen Glaubensstrukturen beachtet. Jede Mitgliedsgemeinde darf nur einen Geistlichen bzw. eine Geistliche, einen Dede oder eine Ana, entsenden.

Die originäre Aufgabe des Geistlichenrates ist die religiöse Betreuung der Mitglieder der AABF, sowie die Fortbildung der Geistlichen. Um diese Aufgaben in Deutschland qualitativ erledigen zu können, müssen die alevitischen Geistlichen ausgebildet werden. Die AABF bestrebt eine Ausbildungsstätte für die Ausbildung der Geistlichen aufzubauen. Dabei braucht die AABF Unterstützung der öffentlich-rechtlichen Institutionen.

Behandlung der religionsbezogenen Fragen in der Alevitischen Gemeinde Deutschland

Über Fragen, die den Glaubensinhalt betreffen, entscheidet der Geistlichenrat. Der Geistlichenrat nimmt dabei alevitische Glaubensgrundlage und die letzte bekannte Praxis in der Türkei als Maßstab. Es gibt aktuelle Fragen z. B. Bioethik, Sterbehilfe, Gentechnologie, die auch von den Aleviten beantwortet werden müssen.

Für die alevitische Glaubensgrundlage wird in erster Linie das Buch „*Buyruk*" – Das Gebot sowie die Erzählungen von Alevitischen Geistlichen in Gedichtsform herangezogen. Dort wurden die Glaubensfragen und Gebete insbesondere der Cem-Gottesdienst ausführlich behandelt. Darüber hinaus stehen weitere schriftliche Quellen von *Hacı Bektaş Veli* (*Makalat, Veleyatname*) zur Verfügung. Der Geistlichenrat holt auch in vergleichbaren Fällen von den alevitischen Geistlichen in der Türkei Rat.

Kommt es zu Unstimmigkeiten im Geistlichen Rat über einzelne sozial-religiöse Fragen oder Praktiken, so entscheidet die nächste Mitgliederversammlung der AABF als die höchste Instanz. Bis zur Mitgliederversammlung ist die Entscheidung des Geistlichenrats maßgebend.

Alevitische Gemeinde Deutschland, AABF – Almanya Alevi Birlikleri Federasyonu Organigramm

AABF

Vorstand	Aufsichtsrat	Diziplinarrat	Geistlichenrat	Kulturrat
Turgut Öker Vorsitzender	**Hıdır Temel**	**Necati Şahin**	**Hasan Kılavuz**	**Haydar Yaprak**
Seydi Koparan 2. Vorsitzender	Hüseyin Tanış	Ali Riza Uğurlu	A. Düzgün Doğan	Hasan Özacar
Hasan Öğütcü Generalsekretär	Metin Kaçmaz	Taki Kahraman	Sedat Korkmaz	Nurettin Şencan
Güler Buga Stell. Generals.	Saniye Berktaş	Hurşit Gündüz	Kasım Erdoğan	Ali Bozkurt
Dursun Karadağ Kassenwart	Ahmet Öztürk	Dursun Parlak	Fatma Beyazıt	Yücel Soyulmaz
Ali Kocakahya			Hüseyin Beyazıt	Şenel Demiryürek
Veli Aydın			Ali Yaman	Cemal Yıldırım
Pervin Atıcı			Cafer Kaplan	Aysel Kılavuz
Selahattin Göktürk			İsmail Celebi	Sami Atalay
M.Ali Çalışkanoglu			Halis Ocak	İsmail Karaton
Faysal İlhan			Ali Aba Erez	
Hüseyin Mat			Garip Eken	

Landesvertretungen

B-W	Hessen	NRW	Nord-Deutschland	Bayern
Ali Budak	**Haydar Akkoyun**	**Engin Köse**	**Zeki Vural**	**Ismail Demirtaş**
Yilmaz Kaşıkcı	Oktay Ulucan	Ali Riza Erkan	Naile Eroğluer	Mahmut Akgül
Orhan Binbir	Ali Öksüz	Şenel Demiryürek	Hüseyin Kayaturan	Ahmet Öztürk
Sadık Varol	Mehmet I. Polat	Hüseyin Yıldırım	Ali Yağcı	Ali Koyun
Muharrem Aras	Neside Akcay	Ali Kahraman	Kazım Yüksek	Üzeyir Bingöl
Binali Karakuş	Ali Yıldız	Yaşar Yorulmaz		M. Ali Karakaya
Taner Boyraz	Aliyar Günovan	Metin Kaçmaz		Muhammet Özer

Grafik: Stand:
Gülümser Keleş   März 2004

155

Projetkte in der AABF

„Förderung der Einbürgerung ausländischer Mitbürgerinnen und Mitbürger", (Stand: 10.06.2003)

Die Alevitische Gemeinde Deutschland hat das Projekt „Förderung der Einbürgerung ausländischer Mitbürgerinnen und Mitbürger" durchgeführt. Zu diesem Projekt wurde die 2. Ausgabe der zweisprachigen Broschüre „Das Neue Staatsangehörigkeitsrecht – *Yeni Vatandaşlık Yasası*" herausgegeben. In 18 Städten wurden insgesamt 35 Informationskurse durchgeführt, die insgesamt von 504 Teilnehmerinnen und Teilnehmern besucht wurden.

AABF hat im Jahre 2002 das Projekt „Förderung der Einbürgerung" durch die Unterstützung des Bundesinnenministeriums durchgeführt.

Broschüre

Zur Einbürgerung wurde ein zweites Mal die zweisprachige Broschüre als Informationsmaterial herausgegeben. Die Broschüre behandelt alle einbürgerungsrelevanten Themen in 63 Fragen und gibt Antworten in deutscher und türkischer Sprache.

Informationskurse, Kursorte

Alle Kurse fanden in Räumlichkeiten der Gemeinden statt, die unentgeltlich zur Verfügung gestellt wurden. Im Jahre 2002 wurden in 18 Städten Informationskurse durchgeführt. Diese sind: Neumünster, Rodgau, Neu-Isenburg, Kiel, Hattersheim, Offenburg, Aschaffenburg, Lüdenscheid, Hamm, Recklinghausen, Hannover, Salzgitter, Augsburg, Heidenheim, Bremerhaven, Rheinau, Hamburg und Köln.

Inhalte der Informationskurse

Die Zielsetzung war durch die Kurse, die Teilnehmer zur Einbürgerung zu motivieren und sie über die Einbürgerung zu informieren. Ferner war beabsichtigt, die Teilnehmer über das politische System und den Aufbau der Verwaltung zu informieren, damit sie sich in dieser Gesellschaft zurecht finden und diese verstehen, die Funktionsweise des demokratischen Systems, die Rechte und Pflichten, die sie als Staatsbürger haben sowie die Teilnahme am politischen Geschehen bewusst erkunden. Der Inhalt dieser Kurse, besser gesagt der vorgelegte Entwurf des Lehrplans wurde im Moderationsseminar präzisiert. Es sind:

- Staatsstruktur und das politische System in Deutschland
- Einbürgerung und Staatsangehörigkeitsrecht
- Bildungssystem in Deutschland

Die Kursleiter haben Materialien sowie Literaturhinweise zu einzelnen Blöcken erhalten.

In den Gemeinden wurden Informationskurse von qualifizierten Personen durchgeführt, die an einem zweitägigen Moderationsseminar teilnahmen. Jeder Kurs umfasste 24 Unterrichtsstunden. Die Kursleiter haben den vorgelegten Lehrplan weitgehend eingehalten. Einige haben den Lehrplan teilweise erweitert. Sie haben oft auswärtige Referenten aus den Stadtverwaltungen einbezogen, um konkrete Antworten zu einzelnen Einbürgerungsfragen zu erhalten und auch den Teilnehmern Ansprechpartner zu einzelnen Bereichen zur Verfügung zu stellen. Die Kursleiter haben auch örtliche Materialien wie z. B. Videofilme, Statistische Jahrbücher der einzelnen Städte sowie Schaubilder und Bücher bei einzelnen Unterrichtsthemen eingesetzt.

Staatsstruktur und das politische System in Deutschland

1. Lage des Landes
2. Begriffe: Staat, Rechtsstaat, Sozialstaat, demokratischer Rechtsstaat
3. Grundgesetz: Grundrechte insbesondere Menschenrechte, Meinungsfreiheit, Glaubensfreiheit, Pressefreiheit und Asylrecht
4. Föderatives System, Bund und Länder
5. Gewaltenteilung: Gesetzgebung (Bundestag, Bundesrat), Rechtsprechung (Gerichtsorganisation), Ausführung der Bundesgesetzte (Bundesregierung, Bundesverwaltung)
6. Finanzwesen, Finanzausgleich

Einbürgerung/ Staatsangehörigkeitsrecht

1. Einbürgerung
2. Gesetzliche Grundlagen
3. Antragstellung
4. Entlassung
5. Mehrstaatlichkeit
6. Optionsmodell
7. Veränderungen nach der Einbürgerung
8. Verlust der deutschen bzw. türkischen Staatsangehörigkeit
9. Rechte und Pflichten

Bildungssystem in Deutschland

1. Stellenwert der Bildung und Wissenschaft in der Alevitischen Lehre
2. Bildungsrecht (Grundgesetz und Gesetze der Länder)
3. Vorschulerziehung
4. Kindergarten/ Kindertagestätte
5. Vorschulklasse
6. Primärbereich
7. Zweisprachigkeit, Interkulturelles Lernen
8. Sekundarbereiche I u. II
9. Duales Berufsbildungssystem
10. Zusammenhang zwischen der Bildung und der Arbeitswelt
11. Anerkennungsverfahren für die Abschlüsse im Ausland
12. Hoch- und Fachhochschulen
13. Rechte und Pflichten der Eltern
14. Hochbegabung
15. Fortbildung, Weiterbildung, Erwachsenenbildung
16. Bildungsinstitutionen
17. Förderung der Bildung und Weiterbildung
18. Misserfolge der Kinder (insbesondere Einweisung in die Sonderschulen)

Die Kursleiter haben die Aufgabe übernommen, Unterrichtseinheiten zu bestimmen, Themen zu entwickeln und diese allen zur Verfügung zu stellen. In manchen Städten wurde zusätzlich zum Kursprogramm das Arbeitsrecht als Thema vorgeschlagen und behandelt. Ein anderes Thema war das Zuwanderungsgesetz und die Verfassungsbeschwerde.

Teilnehmerkreis der Kurse

Die Gesamtzahl der Kursteilnehmer erreichte in einem Jahr 504. Die Zusammensetzung der Teilnehmer war sehr heterogen. Die Altersspanne reichte von 18–55 Jahren. Unter den Teilnehmern waren überwiegend Männer mit bis zu 2/3 vertreten. Alle Teilnehmer stammen aus der Türkei.

Die allgemeine Einstellung der Teilnehmer zur Einbürgerung war und ist positiv. Sie erkennen die Einbürgerung als Teil der Integration an und sind insofern auch integrationswillig. Vor allem junge Teilnehmer sind stark an der Einbürgerung interessiert. Bei älteren Migranten, hauptsächlich der ersten Generation, kamen Zukunftsängste und Befürchtungen zum Vorschein. Der türkische Pass bietet ihnen eine „Garantie" zur Rückkehr in die Heimat. Die Entstehung dieser Befürchtungen ist vor allem auf rechtsextremistische Ausschreitungen zurückzuführen. Die Fragen „Militärdienst der Eingebürgerten Jugendlichen, Rentenbezug im Heimatland, Erbrechte der Eingebürgerten in der Türkei" konnten von den Kursleitern beantwortet werden.

Nach Umfragen wurde festgestellt, dass ca. 2/3 der Teilnehmer die deutsche Staatsangehörigkeit bereits erworben hatte. Sie benötigten jedoch verschiedene Informationen zu diesem Thema, u. a. über das deutsche Verwaltungs- und Schulsystem. Bei einem nicht geringerem Teil der Teilnehmer, insbesondere bei älteren Teilnehmern und auch bei den zugezogenen Ehegatten, gab es bedenken in Bezug auf den deutschen Sprachtest bei der Einbürgerung. Der Sprachtest wurde oft von den Einbürgerungsbehörden als Argument für eine zögerliche Haltung bei der Bearbeitung der Einbürgerung vorgebracht. Viele potentielle Antragsteller zögerten deshalb, den Antrag zu stellen.

Die Teilnehmer wurden in erster Linie durch die Gemeinden gewonnen. Nach Beginn der Kurse sind auch weiterer Teilnehmer dazugekommen. Die regelmäßige Teilnahme den Kursen war oft problematisch. Dazu einige Gründe:

- Oft unterschiedlicher Bildungsstand der Teilnehmer
- Sehr unterschiedlich Erwartungen an die Kurse
- Unregelmäßige Arbeitszeiten mancher Teilnehmer
- Ermüdung mancher Teilnehmer durch die Intensivkurse
- Durch Sprachdefizite nicht in der Lage, dem Unterrichtsstoff zu folgen, welches generell zweisprachig vermittelt wurde.

Die Teilnehmer weisen insbesondere Informationsdefizite bei folgenden Themen auf:

- Gewaltenteilung
- Entstehung von Gesetzen auf Bundes- und Länderebene
- Rangfolge der Gesetze
- Möglichkeiten der politischen Beteiligung der Bürger in der Gemeinde
- Parteienstruktur
- Funktion und Aufgabe der Interessen verbände, Zivilorganisationen und Medien
- Schul- und Bildungssystem

Die Teilnehmer waren generell sehr motiviert. Manche Teilnehmer waren im Unterricht trotz ihres zum Teil fortgeschrittenen Alters sehr motiviert und nahmen aktiv am Unterricht teil. Ein Teil hatte große Schwierigkeiten, dem Teil des Unterrichtes in deutscher Sprache zu folgen. Die Kursleiter mussten sehr oft diesen Teil auch ins türkische übersetzen bzw. den Sachverhalt in Türkisch erläutern, um diesen Teilnehmern gerecht zu werden.

Ein Beweis für die Zielerreichung war die regelmäßige und ausreichende Teilnahme an diesen Kursen. Die Planung wurde im Bereich der Kursvolumen bis zu 85 % realisiert. 35 von 40 geplanten Kursen wurden erfolgreich durchgeführt. Bezüglich der Teilnehmerzahl wurde das Ziel von ca. 400 TN mit 504 TN weit übertroffen. Nur 5 Kurse wurden aufgrund der geringeren Teilnehmerzahl ausgesetzt.

Die Kurse wurden von qualifizierte Lehrkräften geleitet, die pädagogische bzw. sozialpädagogische und juristische Ausbildung abgeschlossen hatten. Sie beherrschen die türkische und die deutsche Sprache gleichermaßen. Fast alle Lehrkräfte wurden für diese Aufgabe in zwei Moderationsseminaren methodisch und inhaltlich vorbereitet.

Als Kursorte haben sich alevitische Gemeinden bewährt. Die bundesweite Infrastruktur der Gemeinden hat uns geholfen, innerhalb kürzester Zeit die Informationskurse zu organisieren, ausreichende Teilnehmer zu rekrutieren. Die Gemeinden waren mit der Bereitstellung der Räumlichkeiten und Unterrichtsutensilien für diese Kurse sehr unterstützend.

Diese Kurse haben mehrere Teilnehmer veranlasst, bezüglich der Einbürgerung bei Behörden vorzusprechen und sich die Antragsformulare zu besorgen. Mehrere Kursleiter haben auch in den Kursen die Antragsformulare bereitgestellt und verteilt. Die Teilnehmer haben insbesondere Anträge für ihre minderjährige Kinder gestellt. Der Teil der Kursteilnehmer ohne deutsche Staatsangehörigkeit hat Interesse an der Einbürgerung geäußert, zugleich auch immer wieder Fragen zur doppelten Staatsangehörigkeit gestellt, die in der Broschüre ausführlich behandelt wurde.

Diejenigen, die ihre Sprachkenntnisse für die Einbürgerung nicht ausreichend eingeschätzt haben, wurden dazu ermuntern die Sprache zu lernen, sie wurden teilweise sogar auch für Sprachkurse weitervermittelt. In manchen Städten waren leider keine geeigneten Angebote für diese Zielgruppe vorhanden.

Die Kurse wurden überwiegend zweisprachig gehalten. In den Kursen, in denen die Angehörigen der ersten Generation in der Mehrzahl vertreten waren, wurde der Unterricht in türkischer Sprache abgehalten. Dabei wurden die wichtigsten Begriffe erläutert und in deutscher Sprache durch geeignete Methoden vermittelt.

Als Nebeneffekt kann erwähnt werden, dass auch Vorstandsmitglieder der einzelnen Gemeinden von den Informationskursen profitiert haben. Sie haben an diesen Kursen teilgenommen, obwohl sie nicht als Zielgruppe vorgesehen waren.

Die Alevitische Gemeinde Deutschland hat durch die Informationskurse wertvolle Erkenntnisse gewonnen. Aufgrund der gesammelten Erfahrungen hat die AABF das Projekt weiterentwickelt und führte diese im Jahr 2003 fort, um die Einbürgerung der Migranten zu fördern und die schon Eingebürgerten bezüglich ihrer gesellschaftlichen und politischen Integration in Deutschland zu informieren und zu unterstützen.

Projekt 2

„Dialoge fördern – Gewalt verhindern", (gefördert durch das Bundesministerium für Familie, Senioren, Frauen und Jugend im Rahmen des Programms *entimon*) (Mai 2002–30.04.2004)

Ziele und Zielgruppen des Projekts:

Mit diesem Projekt wurden folgende Ziele gesetzt:

- eine Multiplikatorengruppe für die Vermittlung und Kennenlernen islamischer Glaubens- und Wertevorstellungen zu bilden, sie mit Fortbildungen und mit der nötigen schriftlichen und visuellen Materialien – insbesondere über das Alevitentum – zum interreligiösen Dialog, z.b. über religiöse Konfliktfelder, zu versorgen (Aufklärung betreiben und das Verstehen voneinander fördern)
- zum Thema „Interkulturelle Kompetenz" einen inhaltlichen wie methodischen Beitrag zu leisten und als unterrichtsergänzende Leistung den Schulen anzubieten,
- überregionale interreligiöse Begegnungen zu organisieren.
- örtliche interreligiöse / interkulturelle Gruppentreffen zu fördern.

Dabei werden unterschiedliche Zielgruppen angesprochen:

- junge Menschen mit und ohne Migrationshintergrund in den Schulen sowie an Hochschulen und Fachhochschulen,
- Gruppen und Neigungskurse in den VHS, Familienbildungsstätten, Begegnungszentren, Seniorengruppen,
- Berufsgruppen z. B. Lehrerinnen und Lehrer, Sozialpädagoginnen und Pädagogen, Polizisten u. a.,
- Funktionäre in den Kirchen, Moscheen und Synagogen

Schwerpunkte und Aktivitäten:

Die Bildungsarbeit für den interkulturellen Dialog und für die Toleranz der Religionen steht im Vordergrund. Personen, die soziale und pädagogische Ausbildung haben, sollen durch kurze **Schulungen zum Multiplikatoren** in den einzelnen Gemeinden und Großstädten für den religiösen Dialog – d.h. Vermittlerinnen und Vermittler – alevitischen Glaubens- und Wertevorstellungen sowie islamische Mystik ausgebildet werden. Sie sollen methodisch und didaktisch für die unten aufgeführten Aufgaben geschult werden.

Themen wie „Vergleiche von säkularen und religiösen Wertesystemen, geschichtliche Hintergründe der Feindbildzuschreibungen gegenüber dem Islam und im Islam" sollen sehr sorgfältig und wertneutral behandelt werden. Die Teilnehmerinnen und Teilnehmer sollen auch für die Situationen geschult werden, die durch provozierende Fragen und Statements angeheizt werden.

Dazu wurde eine **Mappe** mit den nötigsten Materialien und Informationen konzipiert, entwickelt und hergestellt.

In der letzten Phase wurde **konkrete Dialogarbeit** z. B. **interreligiöse Begegnungen** vor Ort zwischen den Gruppen, durch die Initiative bzw. Mitwirkung der Multiplikatoren, intensiviert. Das Projekt wurde in den folgenden Städten durchgeführt: München, Krefeld, Köln, Mannheim, Nürnberg, Duisburg, Wuppertal, Düsseldorf, Berlin, Augsburg und Gladbeck.

Exemplarisch wurde eine Fachkraft in der AABF für die **Auskunft und Informationsaufgaben** eingesetzt. Sie soll dort interessierte Einzelpersonen und Gruppen betreuen und neue Dialoge fördern. Schriftliche Anfragen und E-Mails beantworten. Sie soll interkulturelle Gruppentreffen organisieren und betreuen.

Projekt 3

ARABUL-Web-Unterstützte Berufsvorbereitung (gefördert in der Zeit vom Januar 2001–Mai 2002 durch das Bundesministerium für Bildung und Forschung)

Die Alevitische Gemeinde Deutschland (AABF) hat 2001 das Modellprojekt „Web-unterstützte Durchführung berufsvorbereitender Maßnahmen für benachteiligte Jugendliche" durchgeführt. Das Projekt wurde in 10 Städten mit jeweils 10 Jugendlichen und einer erfahrenen Lehrkraft durchgeführt. Teilnehmer sind Mädchen und Jungs, die in erster Linie keinen Ausbildungsplatz haben und nicht schulpflichtig sind.

Ziel des Projektes:

Das Ziel des Modellprojektes besteht darin, primär über das Instrument des Internets und unter wissenschaftlicher Begleitung

a) das Erlernen des richtigen Umgangs mit dem Internet zu gewährleisten;
b) Fragebogen, Tests sowie Aufgaben im Internet bereitzustellen, um somit das selbständige Erarbeiten und Lösen berufsadäquater Problemstellungen zu fördern;
c) die Jugendlichen, die keine Ausbildungs-, Arbeits- und Praktikumstellen innehaben, mittels Schnupperkurse an deutsche wie türkische Ausbildungs- und Arbeitsstätten zu vermitteln.

Die Jugendlichen haben im Rahmen des Projektes die Chance

a) sich mit einem innovativen Medium auseinander zu setzen, dessen Kenntnis gegenwärtig wie zukünftig auf dem Arbeitsmarkt stark nachgefragt ist,
b) sich eigeninitiativ zu zeigen, um bspw. eigene Homepages zu erstellen, um ihre Arbeitskraft virtuell zur Verfügung zu stellen,

c) sich relativ schnell, relativ günstig und vielseitig über neue Berufsfelder übers Web zu informieren;

d) spielerisch berufsvorbereitende Fragen und Lernstoffe vermittelt zu bekommen, da das Medium Internet das Lernen mit einem „Spaßfaktor" verbindet;

e) ihre Sprachkenntnisse insbesondere bezüglich der Fachbegriffe zu verbessern

f) Anschluss an eine Ausbildungs- bzw. Arbeitsstelle zu finden und

g) ihre PC-Kenntnisse zu erweitern

Zusammenfassung der wesentlichen Ergebnisse

Im Abschlussbericht wurden die Entwicklungen seit Beginn des Projektes im Februar 2001 bis Februar 2002 zusammenfassend dargestellt. Hierbei wurde auf folgende Punkte eingegangen:

- Bedeutung des *Arabul*-Projektes für die Gemeinden, für die Jugendlichen und aus gesellschaftspolitischer Sicht;
- in Bezug auf die Entwicklung des Projektes: Aufbau und Entwicklung der Lernzentren sowie auf Konzepte und Projekte der Lernzentren; Erfahrungen mit den Tutoren; in Bezug auf die Erfahrungen mit der Zielgruppe des Projektes: Allgemeine Angaben zu den jugendlichen Teilnehmern des Projektes, Profil der Zielgruppe, Vermittelte Jugendliche; Herausforderungen für die Lernzentren und Gemeinden;
- Presseresonanz
- Partner und Interessenten.

Das Ergebnis des Endberichtes verdeutlicht,

a) dass eine eingehende Untersuchung der Jugendlichen erforderlich ist, um eine qualitativ hochwertige Evaluation zu erzielen.

b) Dass ein ständiger persönlicher Kontakt zu den einzelnen Tutoren in den einzelnen Lernzentren zu pflegen ist.

c) dass eigene Lerninhalte (Kurse) entwickelt werden müssen, um diese möglichst genau auf die Zielgruppe anzupassen und auch auf die Erfahrungen aus den Herkunftsländern besser eingehen zu können. Dabei sollen bestehende Programme genutzt und zielgruppengerecht überarbeitet werden.

d) dass auch für die Online-Betreuung der Lernzentren und der Teilnehmer eine ständig erreichbare Fachkraft (Lehrer/in, Mediendidaktiker/in) online präsent sein sollte.

e) dass ein Datenbankmanagementsystem zur Organisation der Lerninhalte sowie zur Administration der Lerner und Tutoren aufgebaut werden muss,

f) dass ein Audio-(Video-)Programm erforderlich ist, um die Webunterstützung der Lernzentren zu organisieren und zu koordinieren.

Der Bericht verdeutlicht zudem, dass gesicherte qualitative Aussagen in Bezug auf das angestrebte Projektziel bei einer Projektlaufzeit von knapp über einem Jahr nicht getroffen werden können, zumal die weiter oben benannten Punkte einer weiteren Überprüfung bedürfen.

Zumindest für den Zeitraum Februar 2001 bis Ende Februar 2002 können wir jedoch eine positive Bilanz ziehen, da

- die Lernzentren einschließlich der Hardwareinstallation erfolgreich aufgebaut wurden,
- der Unterricht planmäßig begonnen, Lehrinhalte schrittweise aufgebaut und bis zum Ende des Projektes diszipliniert durchgeführt worden sind;
- insgesamt 178 Jugendliche sowie junge Erwachsene am Projekt teilgenommen haben;
- 134 Jugendliche bildungsspezifische Förderung erhalten haben und an Ausbildungsstellen vermittelt worden sind;
- über 5 Tutoren-Schulungen erfolgreich durchgeführt wurden;
- Online-Schulungen (Audio-Video-Konferenzen) zur Projektarbeit in den einzelnen Lernzentren stattgefunden haben;
- die *ARABUL*-Website (http://www.arabul.aabf.de) Anfang April Online gegangen ist (nicht mehr aktuell);
- Kontakte zu Weiterbildungsinstituten und zu Arbeitsämtern und Sozialämtern etc. hergestellt wurden;
- neue Kooperationspartnerschaften beschlossen wurden;
- eine erfolgreiche Presseresonanz sowohl in der deutschen wie der türkischen Presse erzielt wurde;
- sehr positive Resonanz insbesondere bei den Teilnehmern als auch bei den Tutoren, Arbeitgeberinitiativen und über die Gemeindemitglieder hinaus bei den verschiedensten Migrantenorganisationen vorherrscht.

Zusammenfassend lässt sich resümieren, dass es im bildungspolitischen Bereich nach wie vor eines verstärkten Einbezugs von Migrantenorganisationen bedarf, da diese weitaus eher die Gewähr bieten, Jugendliche mit Migrationshintergrund zu erreichen.

Der Einbezug die alevitischen Gemeinden in den o. g. Bereich durch die Errichtung des ARABUL Projekts ist von gesellschaftspolitischer Bedeutung, da besonderes die Gesellschaft von dem so qualifizierten Teilnehmern am Arbeitsmarkt profitiert.

Darüber hinaus können die Alevitischen Gemeinden offensiv Integrationsleistungen angehen und Integration fördern. Für die Gemeinden ist das Projekt überdies von Bedeutung, weil durch dieses bestehende Strukturen innerhalb der Gemeinden novelliert werden können.

Trotz des unterschiedlichen Entwicklungsverlaufs aufgrund diverser Gründe innerhalb der Lernzentren können richtungweisende Ergebnisse getroffen werden.

In Bezug auf die unterschiedlichen Konzepte lässt sich folgendes sagen:

* Das MS-Office-Paket hat sich bei der Umsetzung überaus bewährt.
* Der Förderplan-Raster bot gute Grundlagen, musste jedoch modifiziert werden.
* Die Prokoda-Software wurde nur teilweise als sinnvoll erachtet.
* Die Audio-Video-Konferenzen sind grundlegend zwar äußerst nützlich für die Kontaktaufnahme, wurden jedoch seitens der Jugendlichen als weniger motivierend empfunden.

Die Unterrichtung der Jugendlichen verwies auf einen individuell auf die Bedürfnisse der Teilnehmer zugeschnittenen Lehrplan. D.h. die Umsetzung eines einheitlichen Lehrplans scheint nicht vorteilhaft.

Neben der fachlichen Unterrichtung bedarf es aber auch mehr pädagogischer Anteile, weil sich die Jugendlichen gerade in der Gruppe als „angenommen" empfinden und auch hier mehr Selbstwertgefühl gewinnen können.

Der Zeitraum von einem Jahr ist zu knapp bemessen, um die angestrebten Ziele für alle ins Projekt involvierte Teilnehmer zu gewährleisten und um allgemein gültige Aussagen treffen zu können.

Allerdings wird ein generelles Bedürfnis an Sprachförderung und frauenspezifischer Förderung von Seiten der Tutoren empfohlen.

Projekt 4

„Qualifizierungsmaßnahmen für ehrenamtliche Vorstandsmitglieder und Vereinsmitglieder in NRW (aus dem Erfahrungsbericht 2001)

Ziel der Maßnahmen

Das Projekt hat das Ziel, die Vorstandsmitglieder der Migrantenvereine in NRW über das deutsche Vereinsrecht (MV, Eintragung, Satzung, Rechte und Pflichten und Rechte des Vorstands, Öffentlichkeitsarbeit, Projektmanagement, Gemeinnützigkeit, Buchhaltung u. ä.) zu informieren. Dabei sollten die Verfassungswerte (Meinungsfreiheit, Minderheitenvotum, Rechtswege, Gleichheit) verdeutlicht werden. Als Nebeneffekt erwarten wir, dass viele der Teilnehmerinnen und Teilenehmer durch diese Maßnahme gleichzeitig zur Einbürgerung motiviert und vorbereitet werden.

Die Teilnehmerinnen und Teilnehmer der Maßnahmen sollten angeleitet werden, Selbstkritik zu üben und die Formen der Kommunikation und Kooperation an konkreten Beispielen kennen zu lernen. Die Konfliktfähigkeit sollte durch die Maßnahmen gestärkt, die Wege zur Konfliktlösung sollten gezeigt werden.

Die Seminare wurden durch schriftliche Materialien zu jeweiligen Themen unterstützt. Die Materialien wurden den Teilnehmern übergeben. Jedoch wurden diese als Dokumentation gebündelt, allen alevitischen Gemeinden in NRW zur Verfügung gestellt.

Organisation der Maßnahmen

AABF hat gemäß des Projektskonzepts vom 28.07.2001 das Qualifizierungsprogramm mit 5 Fortbildungsmaßnahmen aufgestellt und mit einem Schreiben an 29 Mitgliedsvereine in NRW, mit der Bitte um Bekanntmachung und ggfs. um Anmeldung gebeten.

Aufgrund der Anmeldungen wurden die Termine der Veranstaltungen festgelegt und teilweise auch zusammengelegt.

Teilnehmerstruktur

Die Qualifikationsseminare wurden von den Teilnehmerinnen und Teilnehmer besucht, die in verschiedenen Vereinen in NRW Vorstandsmitglieder oder ehrenamtliche Gruppenbetreuer sind. An dem Wochenendseminar in Lauterbach haben auch Teilweise Mitglieder aus anderen Bundesländern teilgenommen. Jedoch wurden hierfür angefallene Kosten von den Teilnehmern selbst, bzw. von deren Vereinen übernommen.

Da die Vereine darum gebeten wurden, nur Vorstandsmitglieder anzumelden, sind einige Nichtvorstandsmitglieder als Ausnahme zugelassen worden. Viele Vereine haben mitgeteilt, dass sie aufgrund dieser Einschränkung Probleme haben Teilnehmer für solche Seminare anzumelden, wenn gerade Vorstandsmitglieder anderweitig bereits Termine haben. Wir haben deshalb den Vereinen empfohlen, dass Vorstandsmitglieder Vorrang haben, aber auch die Nichtvorstandsmitglieder als Vertreter teilnehmen können.

Inhalte einzelner Maßnahmen

1. (Zwei Seminare zusammengelegt) Organisation der Kulturveranstaltungen, Kooperations- und Kommunikationstechniken, Koordination der Vereinsarbeit zwischen den Vereinen und den Bereichssekretären und zielorientierte Öffentlichkeitsarbeit (Pressearbeit, Visualisierung der Informationen, E-Mail und Internet-Nutzung u.a.)
2. Methoden der Sozialarbeit, Kooperation, Kommunikation, Selbstkritik, Fallbeispiele
3. Dieses Seminar wurde mit den Teilnehmerinnen und Teilnehmer aus Köln durchgeführt. Der Projektleiter hat zuerst einen Vortrag zur Grundlage von Kommunikation und Kooperation gehalten. Dabei ging es um folgende Fragestellungen:
4. Was ist wichtig für ein Verständnis und Gründe für Missverständnisse
5. Was ist ein Standpunkt und wie wird er gebildet?
6. Nähe und Abstand in der Kommunikation
7. Was sind meine Stärken und Schwächen?
8. Monolog, Dialog, Gruppe, Initiative, Kommission, Ausschuss, Verein
9. Thema: „Finanzplanung, Buchhaltung, Vorbereitung eines Finanzberichtes, Gemeinnützigkeit:
10. Die Teilnehmer haben zuerst Informationen über Gemeinnützigkeit und Voraussetzungen zur Erteilung der Gemeinnützigkeit erhalten. Danach wurden Informationen über die rechtlichen und gesetzlichen Grundlagen der Finanzbuchhaltung in den Vereinen erörtert.

Auswertung der Maßnahme

Die Seminare werden durch die Teilnehmer-Fragebögen bzw. Meinungsbarometer ausgewertet. Außerdem äußerten die Teilnehmerinnen und Teilnehmer ihre Eindrücke mündlich.

Die schriftliche Auswertung der Seminare zeigt, dass die Teilnehmerinnen und Teilnehmer mit der Behandlung der Themen zufrieden sind. Die Methoden, die in den Seminaren eingeführt worden sind, waren für viele Teilnehmer neu und interessant. Die Maßnahme hat damit einen wichtigen Beitrag zur Qualifizierung der Vereinsvorstände bzw. Vereinsmitglieder geleistet. Der Wunsch, dass die Qualifikationsmaßnahmen fortgesetzt werden sollen, kommt fast von allen Teilnehmerinnen und Teilnehmer zur Sprache. In einigen Fällen war sogar eine permanente Nachbetreuung unumgänglich.

Bin Yılın Türküsü
Festival „Epos des Jahrtausends"
am 13.05.2000 in der Kölnarena

Das alevitische Festival „Epos des Jahrtausends" wurde am 13. Mai 2000 in der Kölnarena erfolgreich verwirklicht. Der Kulturbeauftragte der Föderation der Aleviten Gemeinden Necati Şahin hat das Programm des Festivals entwickelt und geleitet. Dirigenten Zafer Gündoğdu und Betin Güneş haben das ganze Programm begleitet.

Insgesamt haben rund über 2500 Personen an der Planung und Durchführung der Veranstaltung aktiv mitgewirkt. Neben den Helfern und Organisatoren befanden sich unter diesen allein 1246 Baglama-Spieler, 674 Semahritualtänzer, 83-köpfiges Sinfonieorchester, ein Kirchenchor mit 36 Mitgliedern, eine 12-köpfige afrikanische Gruppe, 5 griechische Musiker, ein mit 62 Personen besetzter türkischer Volksmusikchor, 32 Theaterschauspieler und 37 Musiker aus der Türkei. Aufgrund der hohen Zahl der Künstlerinnen und Künstler erhielt das Programm im Jahre 2000 die Aufzeichnung des „Guinness Buch der Rekorde".

Die Veranstaltung hat sowohl Aleviten und Freunde der Aleviten aus Köln und Umgebung als auch aus anderen Städten Deutschlands und Europa angelockt. Etwa 16.000 Menschen haben als Besucher die Veranstaltung mitverfolgt.

Das Festival hat in erheblichem Maße zur Bekanntmachung der alevitischen Lehre und Kultur beigetragen. Ebenfalls wurde ein großer Beitrag zum interreligiösen bzw. interkulturellen Dialog geleistet. Darauf haben Presse und Fernsehen mehrfach aufmerksam gemacht.

Zeitschrift
Alevilerin Sesi; Stimme der Aleviten

Die Alevitische Gemeinde Deutschland gibt seit März 1994 eine monatliche Zeitschrift mit den Namen „Alevilerin Sesi – Stimme der Aleviten" heraus. Insgesamt umfasst sie 80 Seiten, davon 16 Seiten in deutscher Sprache. Zur Zeit beträgt die Auflagenhöhe ca. 7.000 Stück.

In jeder Ausgabe wird ein Betrag unter der Rubrik „Alevitentum aus der Sicht der Deutschen" veröffentlicht. Diese Beiträge behandeln u. a. folgende Fragen:

* Wann und wie habe ich Aleviten getroffen bzw. sie wahrgenommen?
* Was gefällt mir am Alevitentum?
* Was gefällt mir am Alevitentum nicht?
* Wir beurteile ich die Organisation der Aleviten in Deutschland?
* Was können die Aleviten in unserer Gesellschaft bewirken?
* Was kann ich für die Aleviten tun?

Die Interessierten können ihre Beiträge an die Redaktion per Post „Stimme der Aleviten, Stolberger Str. 317, 50933 Köln" oder per E-Mail „alevilerin.sesi@alevi.com senden.

Die Zeitschrift „Stimme der Aleviten" kann abonniert werden.

Erläuterungen alevitischer Hauptbegriffe (Glossar)

Original	entsprechende Übersetzung	Bedeutung/Funktion im alevitentum
Oniki (12) hizmet	Zwölf Dienste	Aufgaben/Dienste, die zum Gottesdienst gehören. Zwölf Dienste haben heute z. T. symbolischen Charakter.
Abdal	Titel	- Angehörige des zweithöchsten Mystikergrades nach dem Veli, denen die Fähigkeit nachgesagt wird, dass sie ihren Körper von Materie zum Geist verwandeln bzw. ihre Seele außerhalb ihres Körpers „auf Wanderschaft gehen lassen" können. - Angehörige einer bestimmten Derwischgruppe, wie *aşık* oder *kalender*.
Allah	Arab. Gott	Bezeichnung für Gott als Schöpfer
Allah Allah	in seinem Sinne/ in seinem Namen	Huldigung Gottes; statt Amen wird dieser Ausdruck verwendet
Allah'ın Aslanı	Löwe Gottes	Kraft und Größe Alis wird so zum Ausdruck gebracht, gleichzeitig dient dieser Ausdruck als Name
anasultan	Mutter	Die Bezeichnung für eine Frau, die bei den *Bektaşi*-Aleviten als Gemeindeleiterin fungiert.
aşık	der seine Liebe zu Gott zum Ausdruck bringende	- Mensch, der seine Liebe und Annäherung zu Gott mit Worten zum Ausdruck bringt. Jemand, der (Gott) liebt, aber noch nicht vollständig in die alevitische Glaubensgemeinschaft bzw. den einen mystischen Orden aufgenommen wurde; - Spezielle Bezeichnung für einen Sänger, der auf dem Instrument *saz* mystische Lieder vertont.
aşure	Eine Süßspeise	Eine aus 12 Zutaten bestehende süße Suppe, die am Abend des 11.Tages gekocht wird und am 12.Tag des *Muharrem*-Fastens gegessen wird.

bağlama	ein Saiteninstrument aus Holz, dass zur Gruppe der Lauten gezählt wird	*Bağlama* ist ein türkisches Saiteninstrument mit sechs Saiten, dessen Klangkörper aus einem Stück Holz hergestellt ist. Es besteht aus Kastanien- oder Maulbeerholz.
batini	Späzifische Ausprägung der islamischen Glaubenslehre (abgeleitet von arab. „*batin*"= innerlich)	Die mystische innerliche Lehre im Islam, die am Ende des 9. Jh. entstand, wurde bis ins 13. Jh. im Irak, in der Türkei, in Syrien und in Ägypten verbreitet. Die *Batini*-Anhänger unterscheiden zwischen der äußeren Auffassung, die für jeden zugänglich ist, und der inneren Wahrheit, die sich nur wenigen Persönlichkeiten erschließt, die sich mit der inneren Bedeutung der heiligen Schriften beschäftigen. Im Gegensatz zu orthodoxen Korangelehrten deuteten sie die Bildersprache des Koran nicht wörtlich, sondern als allegorischer Ausdruck göttlicher Wahrheit. Die Batini-Lehre hat den alevitischen Glauben stark beeinflusst.
Buyruk	Das Gebot	Das Buch, das sich auf den 6. Imam *Cafer* begründet, enthält für die Aleviten verbindliche Regeln und Verhaltensweisen. Das Buch hat teilweise unterschiedliche Versionen.
can gözü	Auge der Seele, Blick (Erkenntnis) durch die Seele	Aleviten bezeichnen die Erkenntnis, dass der Mensch in den Tiefengrund der Seele erblicken kann, als das Auge der Seele.
cem	Gottesdienst	
cemevi	Alevitisches Gebetshaus	Aleviten beten eigentlich überall. Der Gottesdienst kann im Sommer auch im Freien stattfinden. In den letzten Jahren werden *Cemevis* in Deutschland konzipiert, in denen zum Teil traditionelle anatolische Vorstellungen zu neuem Leben erweckt werden.
çerağ	das ewige Licht	Symbolisiert im Gottesdienst Ali
çerağcı	Hüter des ewigen Lichts einer der zwölf Dienste im Gottesdienst	Währen des Gottesdienstes bleibt das Licht an. Am Ende des Gottesdienstes löscht es der Hüter des Lichtes durch seine Hand und nicht durch Ausblasen.
çıralık		Traditionelle Bezeichnung für Versorgungsleistungen einer alevitischen Gemeinde für den Geistliche bzw. Seelsorger
dar	Anklageort /Aufklärungsort	Ort zur Klärung von Streitigkeiten
dara cekmek	anklagen	
darda durmak	angeklagt werden	

Dede Baba	Titel	Bezeichnung von Geistlichen einer bestimmten Stufe bei den *Bektaşi*-Aleviten
dede	Bezeichnung von bestimmten alevitischen Geistlichen	
delil	Siehe çerağ	
derviş	Wanderprediger	Wanderer, der die göttliche Wahrheit sucht
deyiş	Gedicht mit religiösem Inhalt	Musikalisch untermauerte religiös-philosophische Lieder, die z. T. mündlich tradiert wurden und in der alevitisch-bektaschitischen Literatur das Alevitentum mit Beispielen zum Ausdruck bringen.
düşkünlük	Ausstoß aus der Gemeinde	Die höchste Strafe, die das Alevitentum bei Abweichung vom Weg der alevitischen Verhaltensregeln kennt.
duvazlar	Gebete	Gebete, die die Verheißungen der 12 Imame zum Inhalt haben
edep	den Regeln entsprechender Anstand	
Ehl-i Beyt	Mohammed und seine Nachkommen	Im engeren Sinne besteht *Ehl-i Beyt* aus fünf Personen: *Muhammet, Ali, Fatma, Hasan und Hüseyin*
elin-diline-beline	Beherrsche dich, Beherrsche deine Hände, deine Zunge und deine Lenden	einer der wichtigsten alevitischen Verhaltensgrundregeln
En-el Hak	Ich bin Gott – Gott bin ich	Dieser Ausdruck ist dem Ausdruck 'der vollkommene Mensch' gleichzusetzen
eren	Eine einen bestimmten religiösen Reifegrad erreicht habende Person	Personen, die durch Taten und Worte zum Ausdruck bringen, dass sie eine bestimmte geistig/mystische ebene erreicht haben.

erkan	liturgische Handlungen in einem alevitischen Gottesdienst	Den Regeln entsprechendes Verhalten
ermek	Im Hereinreifen zum vollkommenen Menschen fortschreiten	Auf dem Wege zum vollkommenen Menschen schon sehr weit fortgeschritten sein
eşik	Symbol für die Person Alis im *Cemevi*	Eintritt in die Welt Alis/des Glaubens wird mit dieser Bezeichnung *eşik*=Schwelle zum Ausdruck gebracht
evren	Der Kosmos als Gottesschöpfung	
gözcü	Beobachter, einer der zwölf Dienste beim Cem-Gottesdienst	Verantwortlich für den Schutz der Gemeinde währen des Gottesdienstes im *Cemevi*
gülbenk	Fürbitte	bei (religiösen) Zusammenkünften laut vorgetragenes Gebet
Hacı Bektaş Veli	Gründer des Bektaschiten Ordens	Er wurde im Jahre 1209 in *Nischabur/Iran* und lebte bis 1295 in *Hacıbektaş /Türkei*. Seien Grabstätte ist die zentrale Pilgerstätte für Aleviten geworden.
Hak	Parallel zu Allah gebrauchte Bezeichnung für Gott als Schöpfer	
hakikat	- eines der vier Tore, - göttliches Universum	das letzte Tor auf dem Wege zum vollkommenen Menschen

Hakka yürümek	- Sterben im alevitischen Glauben - Heimgang zu Gott	
hakkullah	Zuwendung für Geistliche	Die einem Geistlichen als Dank und in Anerkennung für die Betreuung der Gemeinde zustehenden Zuwendungen
Hallac-ı Mansur		Mystiker, der aufgrund eines gegen ihn bewusst falscher Anschuldigungen konstruierten Urteils gehängt wurde
Hızır	Retter in der Not/ Schutzpatron	*Hızır* wird zusammen mit *İlyas* (Elias) von Aleviten geehrt.
ikrar	Versprechen/ Gelöbnis	
Imam	Geistlicher, Leiter der Urgemeinde	Bezeichnung der rechtmäßigen Nachfolger Mohammeds, die zwölf an der Zahl sind (Ali bis Mahdi). Aleviten glauben, dass diese Nachfolge mit dem 12. Imam Mehdi abgeschlossen ist. Daher wird der Begriff *Imam* unter Aleviten ausschließlich für die 12 historischen Imame in der direkten Nachfolge des Propheten Mohammed verwendet.
Iman	der Gaube	
Incil	die Bibel	
Kerbela olayı	die Geschehnisse von *Kerbela*	Massaker an Imam Hüseyin und seine Gefolgschaft durch die Truppen von Yazid I.
Dört Kapı	Vier Tore	Die vier Hauptregeln bzw. Verhaltensweisen, die auf dem Wege zur Vollkommenheit zu durchschritten sind
Kırk Makam	die vierzig Stufen/ Ebenen	Stufen, die jeweils zehn Anforderungen darstellen, die jedem der Vier Tore zugeordnet sind und die auf dem Wege zur Vollkommenheit erfüllt werden.
kırklar	die vierzig Heiligen	

Kırklar Cemi	Der besondere Gottesdienst der vierzig Heiligen	
kirvelik	Patenschaft	Durch die Beschneidung übernommene Patenschaft, die überwiegend unter den kurdischen Aleviten verbreitet ist.
kızılbaş:	Der Begriff, der von sunnitischen Machthabern für Aleviten synonym verbreitet wurde. Mit diesem Begriff sollten Aleviten als unmoralisch und Ketzer diskriminiert werden.	Aleviten waren während der osmanischen Zeit bei ihrer Religionsausübung und in ihrer Lebensphilosophie in ihrer Zeit voraus, was ein idealer Nährboden für verleumderische Hetzkampagnen abgab. Der Ausgangspunkt für die verleumderische Gleichsetzung von *„Kızılbaş"* gleich Inzest/ Blutschande war das gemeinsame Cem-Gebet von Frauen und Männern. Diese Unterstellung war das wichtigste Instrument bei der Verfolgung der Aleviten durch die sunnitischen osmanischen Machthaber. Daraus hat sich die Formel eines diskriminierenden Vorurteils *„Alevit=Kızılbas= Inzest=Blutschande"* entwickelt. Dieses Vorurteil findet sich auch heute noch in Wörterbüchern wie bei Karl Steuerwald, Türkisch-Deutsches Wörterbuch.
Kızılbaş-Aleviler	Ein alevitischer Zweig	Die *Kızılbaş*-Bruderschaft wurde vom persisch-türkischen Derwisch Safi-du-Din 1301 in Ardabil/ Iran gegründet. Ardabil wurde danach zum Zentrum schiitisch-sozialrevolutionärer Tendenzen. Die Bewegung des Derwisches *Şeyh Bedrettin* in Thrakien Anfang des 15. Jh. wurde stark von *Kızılbaş*-Aleviten beeinflusst. Nach 1460 machte *Şeyh Haydar* aus der religiösen Bruderschaft einen militärischen Orden. Ab 1501 konnte Kızılbas Schach Ismail (von Aleviten als *Şah Hatayi* genannt) das politisch zersplitterte Persien einigen. Ismail führte in Persien den schiitischen Islam als Staatsreligion ein und begründete die Dynastie der Safaviden. Nach der Niederlage gegen den osmanischen Sultan Yavuz I bei *Çaldıran* bildete sich ein Machtgleichgewicht zwischen Osmanen und Safaviden aus, das bis in das 19. Jh. hinein stabil blieb. Die sich glaubensmässig mehr den Safaviden verwandt fühlenden Aleviten wurden von den osmanischen Herrschern als potentielle Staatsfeinde verdächtigt und blutig verfolgt. Anfang des 17. Jh. Schach Abbas schaltete den ihm unbequem gewordenen Derwischorden politisch aus.
Kuran	der Koran	
kurban	- Leistung einer Versprechung - Opfer(-tier)	- Im Aleventum bedeutet das Opfer, dass der oder diejenige sich für eine Sache widmet. Persönlicher, mit Verzicht und Entsagung verbundener Einsatz für die Sache des alevitischen Glaubens: Z. B. Bau eines *Cemevis*, höhere Beiträge für die Ausbildung alevitischer Lehrer und Theologen. - Darbringung eines Opfertiers durch eine Person oder eine Familie aus verschiedenen Anlässen, z. B. zur Versprechung und zum Jahresgedanken von Verstorbenen.
lokma	gesegnetes Brot, gesegnetes Essen	Zum Abschluss des Gottesdienstes wird das Opfermahl gemeinsam gegessen. Dazu bringen die Teilnehmerinnen und Teilnehmer Speisen und Getränke mit. *Lokmacı* (der/die Verantwortliche für die Verteilung des Opfermahls) sorgt dafür, dass jeder Teilnehmer das Essen zu gleichen Teilen zugeteilt, bekommt.

masum-u pak	Bezeichnung für unschuldige, reine Wesen	So nennen die Aleviten jene 14 Kinder der 12 Imame, die im Alter von 7 Jahren oder jünger waren von Omaiyaden ermordet wurden.
marifet	Eigenschaft, eines der vier Tore	die 3. zu erreichende Stufe auf dem Wege zum vollkommenen Menschen
Matem Orucu	Trauer-Fasten	Ein zehntägiges Fasten, das die Trauer über das Schicksal des Imam Hüseyin zum Ausdruck bringt. (Kerbela)
mersiye	Gedicht	Gedichte, die die *Kerbela*-Tragödie und die Liebe zum *Ehl-i Beyt* zum Inhalt haben
Muharrem Ayı	Ein Monat im arabischen Mondkalender	Deshalb ist keine feste Zuordnung zu dem bürgerlichen Kalender möglich.
Muharrem Orucu	Moharrem-Fasten, Trauer-Fasten	Ein zehn oder zwölftägiges Fasten, das die Trauer über das Schicksal des Imam Hüseyin zum Ausdruck bringen und die Erinnerung an seinen Märtyrertod wach halten soll..
mürşit	höchste Stufe in der Hierarchie der Geistlichen im Alevitentum	Nicht zu verwechseln mit *Veli*
musahiplik	Weggemeinschaft	eine alle Bereiche des Lebens umfassende Weggemeinschaft der zwei Ehepaare einzugehen
nefs	Eigenschaft, Ego	Die alevitische Erziehung will den Kindern und Jugendliche vermitteln, dass durch das Besiegen des eigenen Ego (*nefs*) ein Gefühl zum Wohlbefinden zu entwickeln.
nefsini yenmek	sein Ego besiegen	Das Ziel, ein vollkommener Mensch zu sein, kann nach alevitischem Glauben nur durch das Besiegen des eigenen Ego erreicht werden.
Nesimi	Ein Mystiker	(*Seyit Nesimi*): Mystiker und Dichter, starb Anfang des 15. Jh. in Aleppo. Seine Verse sind bei Aleviten sehr beliebt und er wird in einer Reihe mit Halladsch Mansur und Fazlı/Fazlullah gesehen, da er für seinen Anspruch der mystischen Erfahrung das Martyrium auf sich nahm. Ihm wurde bei lebendigem Leibe die Haut abgezogen.
niyaz	demütige Respekthaltung	

Oniki Imam	die zwölf Imame	
ozan	Barde/ Klageliedsänger	
pir	Titel eines Geistlichen	einer der höheren Stufen in der Hierarchie der Geistlichkeit
post	- Objekt z. B. ein Stück Fell - bestimmte Stelle im *Cemevi*	Die Geistlichen leiten von der Stelle *post* aus den Gottesdienst. In diesem Fall wird die Gegenwart Alis symbolisch verkörpert.
rehber	Eingangsstufe der Hierarchie der Geistlichkeit	- Leiter einer Gemeinde bei Glaubensausübung und Fragen; - Einer der zwölf Dienste beim Gottesdienst
rızalık	Einvernehmen, Bestreben um Harmonie durch Lösung aller zwischen menschlichen Konflikte	zentraler Punkt, immer Voraussetzung, vor allem bei Cem-Gottesdiensten. Für Aleviten von höchster Wichtigkeit im Umgang miteinander und deshalb als Voraussetzung für eine segenbringende Teilnahme am Gottesdienst gesehen.
saka	gesegnetes Wasser	Wasser, das beim Cem-Gottesdienst gesegnet und anschließend an alle verteilt wird
sakacı	Hüter, Verteiler des gesegneten Wassers	Einer der Zwölf Dienste beim alevitischen Gottesdienst
semah	rituelle Tanz bei Gottesdiensten	Ist einer von den zwölf Diensten, der von Frauen und Männern gemeinsam ausgeführt wird.
saz	ein Saiteninstrument aus Holz, dass zur Gruppe der Lauten gezählt wird	Es gibt kleinere Varianten mit den Namen *cura* und *bağlama* und eine größere mit Namen *„divan"*. Das Saz-Instrument spielt beim alevitischen Gottesdienst eine besondere Rolle. Die Aleviten nennen das Instrument *saz* auch den *„Koran mit Saiten"* oder den *„sprechenden Koran"*. Das Saz-Instrument begleitet den ganzen Gottesdienst und insbesondere die Semah-Rituale.
süpürgeci	einer der zwölf Dienste: Dienstpflicht des Fegers	Person, die für die rituelle Reinigung und damit das symbolische Vertreiben von Fehlverhalten beim Gottesdienst verantwortlich ist
şeriat	- eines der vier Tore, - säkulare Welt	die 1. zu erreichende Stufe auf dem Wege zum vollkommenen Menschen

talip	- der willige Schüler - Anwärter des mystischen Pfades	Der Mensch, der sich aufmacht, den geistlichen Weg zu beschreiten
tarik	- der befolgte Weg - der Stab, der den richtigen Weg zeigt	. Im Gottesdienst wird der Stab tarik von einem so genannten *tarikçi*, einer Art Lektor, getragen. Er hat die Aufgabe, die Regeln und den Ablauf des Gottesdienstes zu erklären.
tarikat	- eines der vier Tore - mystisches Weg	das 2. zu erreichende Tor auf dem Wege zum vollkommenen Menschen
tasavvuf	Sufismus	Der Begriff Sufismus *tasavvuf* umfasst eine Vielzahl von Bedeutungen. Der Sufismus ist eine Lebensweise, die von seinen Bekennern „suche nach dem Mysterium des Glaubens" und der Versenkung „in Gott- oder einem Einswerden mit Gott" sehr individuell praktiziert werden kann. Er verfügt über kein festgeschriebenes Glaubensbekenntnis, keine orthodoxe Lehre, Traditionen und Praktiken. Einige Gelehrte teilen die Sufis nach ihren wichtigsten theologischen Anschauungen in theistische, monistische, pantheistische oder panentheistische Gruppen ein. Unabhängig davon teilen die meisten Sufis den Glauben an eine besondere Freundschaft (*veli*) mit Gott. Auch glauben sie an ihre Fähigkeit, eine Art geistige Einheit, Gemeinschaft oder Verbindung mit Gott und der Gnosis, d. h. der unmittelbaren Erkenntnis der göttlichen Wahrheit (*hakikat*), eingehen zu können.
tevhit	- Gedicht, - wesentlicher Teil der Liturgie des Gottesdienstes	Gedichte, die die Einheit Gottes und Ali als seines Boten zum Inhalt haben und beim Gottesdienst mit Musikbegleitung vorgetragen werden. „Alles ist im Eins" wird im Gottesdienst als *tevhit* durch den Geistliche symbolisch ausgesprochen.
Tevrat	Thora	
üçler, beşler, yediler	die Drei, die Fünf, die Sieben Verehrungswürdigen	Bezeichnung für Allah, Mohammed, Ali, Bezeichnung für Mohammed, Ali, Fatima, Hasan, Hüseyin Bezeichnung für sieben große Dichter
ulu	Erhabene	Bezeichnung für Personen, die Wunder vollbracht haben und im Alevitentum eine hohe Stellung genießen
veli		Der auf der Welt jeweils einzige lebende Mystiker des höchsten Grades, der beim Tode des Vorgängers aus der Schar der Abdal gewählt wird; oft wird der *veli* seiner Zeit als inkognito (unerkannt) angesehen, für die Aleviten war *Hacı Bektaş Veli* der *veli* seines Zeitalters.

Ya Allah- Ya Muham- med- Ya Ali	erhört uns Allah- Mohammed-Ali	Anrufung Gottes Anrufen Gottes des Propheten Mohammeds und Alis
yeniçeri	Janitscharen, neue Truppe	Elitetruppe des osmanischen Heeres, bestand seit etwa Mitte des 14. Jahrhunderts. Früher hatten die osmanischen Streitkräfte aus turkmenischen Stammesaufgeboten bestanden, die jeweils ihrem Stammesführer unterstanden; aber als sich die Osmanen zu einer Art Staat formierten, brauchte man eine Armee, die ausschließlich dem Sultan zur Treue verpflichtet war. Zunächst wurde die Truppe aus zum Islam übergetretenen christlichen Kriegsgefangenen gebildet; als Nächstes führte man die Knabenlese (devşirme) ein: Christliche Jungen wurden ihren Eltern weggenommen und in einer Art Kadettenschulen islamisch erzogen und militärisch ausgebildet. Sie wurden zur Elite der osmanischen Armee, die aber zunehmend ein Eigenleben im Staate führte und deshalb zu einer Gefahr wurde.
yetmişiki (72) millet	72 Nationen, alle Nationen	Symbolisch sind damit alle Menschen bzw. Volksgruppen gemeint. Dieser Ausdruck wird verwendet, um zu zeigen, dass alle Menschen als gleich betrachtet werden.
Yezit	Sohn von Muawiya,	Für Aleviten unrechtmäßiger Kalif nach Muawiya, der 1. Kalif der Omaiyaden. Er ließ den 3. Imam Hüseyin 680 in Kerbela ermorden.
yol	der Weg	Bezeichnung der alevitischen Glaubenslehre
zakir	einer der zwölf Dienste, der Barde	Vortragender von Gebeten und Gedichten während des Gottesdienstes immer mit Saz-begleitung
zebur	eines der vier heiligen Bücher (Thora, Altes Testament, Evangelien und Koran)	
Zülfikar	Schwert-Alis, symbolisiert Ali und den Kampf gegen Ungerechtigkeit	Das wunderwirkende, zweigespitzte Schwert *Alis*, das häufig als Symbol von alevitischen Jugendlichen (z. B. an der Halskette) getragen wird. Nach der Legende soll dieses Schwert dem Propheten Mohammed vom Himmel zugesandt und von ihm dann später Ali geschenkt worden sein. Nach Gottesdienst hält der Geistliche *dede* einen Stab (türk. *tarik*) in der Hand, der das *zülfikar* symbolisiert.

Diese Auflistung wurde von einer Arbeitsgruppe erstellt,
die aus Dilek Öznur, Özlem Öznur, Zeynel Aslan und Ismail Kaplan bestand.

Deutschsprachige Literatur
über die alevitische Lehre und Kultur (Auszug)

Alevitische Gemeinde Deutschland	**Das Epos des Jahrtausends /Bin Yılın Türküsü**	Köln, 2000
AABF	**Zeitschrift „Die Stimme der Aleviten"**	Ab Nr. 36 (Februar 2000), Köln
Bozkurt, Mehmet Fuat	**Das Gebot – Mystischer Weg mit einem Freund**	E.B.-Verlag Rissen, Hamburg 1988
Bumke, Peter	**Kizilbaş-Kurden in Dersim. Marginalität und Häresie**	In Anthropos 74: 530–548
Dressler, Markus	**Die Alevitische Religion**	Ergon Verlag Würzburg, 2002
Eberhard, Elke	**Osmanische Polemik gegen die Safawiden im 16. Jhd. Nach arabischen Handschriften.**	Islamkundliche Untersuchungen 3, Freiburg i. Br., 1970
Engin, Ismail/Franz, Erhard (Hg.)	**Aleviten, Bd. 1, 2, 3, Identität und Geschichte**	Dt. Orientinstitut Hamburg, 2000
Faroqhi, Suraiya	**Der Bektaschi-Geistliche Träger in Anatolien**	Wiener Zeitschrift für die Kunde des Morgenlandes, Sonderband 2, Wien, 1981
Glassen, Erika	**Schach Ismail, ein Mehdi der anatolischen Turkmenen?**	In: ZDMG 121: 61–69 1971
Groß, Erich	**Das Velayetname. Ein türkisches Derwischevangelium**	Leipzig, Türk. Bibliothek, 1972
Gülçiçek, Ali Duran	**Der Weg der Aleviten**	Ethnographia Anatolica Verlag Köln, 1994
Haas, Abdülkadir	**Die Bektaschi-Riten, islamischen Orden**	Berlin, Express-Ed., 1988

187

Kaplan, Ismail	**Situation und Zukunftsperspektive der Aleviten**	in: Infodienst zur Ausländerarbeit, Nr. 1/1992, Frankfurt a. M., Institut für Sozialarbeit und Sozialpädagogik
Kehl-Bodrogi-Krisztina	**Die Kizilbas-Aleviten**	Berlin, Schwarz Verlag, 1988
Kehl-Bodrogi-Krisztina	**„Was du auch suchst, such es in dir selbst!" – Aleviten (nicht nur) in Berlin**	Die Ausländerbeauftragte des Senats Berlin, 2002
Kissling, Hans Joachim	**Das Menaqybname Scheich Bedr ed-Din's, des Sohn des Richters von Simavna**	In: ZDMG (Zeitschrift der Deutscher Morgenländischer Gesellschaft) 100: 112–176
Laciner, Ömer/ Blaschke	**Der Konflikt zwischen Sunniten und aleviten in der Türkei**	in: Jahrbuch zur Geschichte und Gesellschaft des Vorderen und Mittleren Orient, Islam und Politik in der Türkei, 1984
Landesinstitut für Schule NRW und AABF	**Das Alevitentum – Informationen und Materialien für den Unterricht**	Soest, 2003
Massignon, Louis	**Die Ursprünge und die Bedeutung des Gnostizismus im Islam**	In: Olga Froebe-Kapteyn (Hg.): Gestaltung der Erlösungsidee in Ost und West. Vorträge (Eranos-Jahrbuch 5, Zürich, 1937
Pfluger-Schindbeck, Ingrid	**„Achte die Älteren, liebe die Jüngeren" Sozialisation türkisch-alevitischer Kinder**	Frankfurt a. M. Athenäum Monographien: sozialwissenschaften 34, 1989

Schimmel, Annemarie	**Wanderungen mit Yunus Emre**	Köln, Önel Verlag, 1989
Schimmel, Annemarie	**Ausgewählte Gedichte von Yunus Emre**	Köln, Önel-Verlag, 1991
Schimmel, Annemarie	**Al-Halladsch „O Leute, rettet mich vor Gott"**	Freibung, 1985
Sökefeld, Martin	**Alevitische Vereine in Hamburg und Umgebung**	In: Stimme der Aleviten, Nr. 68, Oktober 2003
Vorhoff, Karin	**Renaissance des Alevismus – Glaube, Moderne, Musik und Organisationsformen**	AABF, Alevitische Gemeinde Deutschland, 1998

Anmerkungen

[1] Nusairier: Durch Nusaier, einem Schüler des elften Imams al Hasan al- Askeri, im 9. Jhd. gegründete ismailitische Bewegung. Sie nennen sich seit Beginn des 20. Jahrhunderts „Alawiten". (verg. Kettermann, Günter, Atlas zur Geschichte des Islam, S. 26)

[2] Eine historische Chronologie zur Geschichte der Aleviten befindet sich im Anhang, S. iii

[3] Vorläufige Ergebnisse der Volkszählung 2000

[4] *Bektaşi-* Aleviten: Ein Teil der Aleviten bezeichnen sich nach dem Gelehrten *Hacı Bektaş Veli.* Siehe S. 127

[5] Sundhausen, Holm, Die Muslime in Südosteuropa in: Regionen und Kulturen in Südosteuropa, Friedrich Ebert Stiftung, 2002

[6] Siehe S. 61

[7] Ein Teil des Heers, der gegen Alis Versöhnungspolitik protestierte, unterstützte bei diesem Konflikt Muawiya.

[8] Für mehr Informationen zu diesem Teil der Geschichte, siehe Schirrmacher, Christine, der Islam, Band I, Hänssler Verlag, Holzgerlingen, 2003

[9] 12 Imam, siehe S. 73

[10] Mehr Informationen auf der S. 123.

[11] Siehe Chronologie zur alevitischen Geschichte, S. iii.

[12] Siehe Info *Hacı Bektaş Veli,* S. 127

[13] Siehe 12 Imame, S. 73

[14] Kızılbaş (Rotkopf), historische Bezeichnung für die Aleviten, die sich von der roten Kopfdeckung der turkmenischen Anhänger der Safaviden ableitet und seit 15. Jh. durch die osmanische Machthaber als Schimpfwort für Aleviten benutzte. Siehe Glossar, S. 182

[15] *Bektaşi*: Die sind die Aleviten, die sich auf *Hacı Bektaş Veli* berufen und ab 14. Jhd. ein Ordenssystem in Anatolienr gründeten.

[16] Çelebi: Nachkommen von *Hacı Bektaş Veli*. Es gibt zweite Gruppe (*babağan*), die nicht die Blutverwandschaft von *Hacı Bektaş Veli*, sondern seine Lehre maßgebend hält. Dieser Zweig von *Bektaşi*- Aleviten wurde durch *Balım Sultan* (16. Jhd.) gegründet.

[17] Nakschbandi-Orden: Dieser Derwischorden wurde von Muhammad Nakschband (1317–1389) in Persien gegründet. Im 19. Jh. kämpften die Nakschbandis gegen russische Truppen in Turkestan und Kaukasus. Sie sind sehr streng organisiert und haben einen starken Einfluss auf die türkische Politik.

[18] Dressler 2001, in: Engin/Franz, Aleviler/Aleviten, Band 3, S. 16

[19] Siehe Info *Pir Sultan Abdal*, S. 136

[20] *Ocak*(türk. der Herd), wird hier als Quelle und Zentrale für die alevitische Gemeinde verstanden. *Ocak* kann man als Familie des geistlichen Trägers übersetzen.

[21] *Talip* bedeutet Anhänger bzw. Laie.

[22] Das Buch von Dr. Peter Andrews erschien 1989 in türkischer Sprache unter dem Titel „*Türkiye'de Etnik Gruplar*".

[23] Nusairier (türk. Schreibweise *Nusayriler*): Alawiten, die sich auf Nusair, ein Schüler des elften Imams al Hasan al Askari, berufen. In den genanten Gebieten (Hatay, İçel, Adana usw.) leben auch Aleviten arabischer Herkunft, die wie andere Aleviten den Cem- Gottesdienst abhalten. Die angegebene Zahl der Nusairier 200.000 ist mit Vorsicht zu geniessen. Nach eigenen Recherchen enthält diese Zahl mehr Aleviten arabischer Herkunft als Nusairier.

[24] *Zaza*-Kurden: Ein Teil der *Zaza*-Kurden bezeichnet sich als eine eigenständige Ethnie"Zaza". Sie distanzieren sich sprachlich von den Kurden, die hauptsächlich Kurmancı sprechen.

[25] Regelmäßiger Bericht 2003 über die Fortschritte der Türkei auf dem Weg zum Beitritt, Kommission der Europäischen Gemeinschaften, Brüssel

[26] Antwort der Bundesregierung auf die Große Anfrage der CDU/CSU, Drucksache 14/2301

[27] Ismail Kaplan, Situation und Zukunftsperspektive der Aleviten, in: Infodienst zur Ausländerarbeit Nr. 1/1992, Frankfurt a. M.

[28] Ausführliche Informationen zum Glaubensinhalt ab S. 65

[29] Islam, Hrg.: Islamischer Religionsgemeinschaft Hessen, Frankfurt, 1996

[30] Das Programm der AABF, Mai 1998, S. 20

[31] *İkrar*: Das Versprechen. Wer in das Alevitentum eintreten will, gibt sein Versprechen zum Einhalten der Regeln, „Vier Tore Vierzig Stufen", vor der Gemeinde.

[32] Hadithen: Eine Sammlung von Berichten darüber, was Mohammed getan oder gesagt haben soll sowie von beispielhaften Aussprüchen und Taten der Gefährten des Propheten. Aleviten zweifeln an der Authentizität der Hadithen und daher lehnen sie sie als eigene religiöse Grundlage ab.

[33] Für weitere Aussagen der Aleviten: Siehe, Kaplan, Ismail: Ergebnisse einer Umfrage, in: Stimme der Aleviten, Nr. 45, 2001, S. 27–30

[34] Siehe „Gleichberechtigung von Mann und Frau", S. 89.

[35] Ältere alevitische Frauen tragen oft in den ländlichen Gebieten *yazma* oder *tülbent*. *Tülbent* ist ein sehr feiner Stoff aus Baumwolle. *Tülbent* wird meist zu Hause getragen. *Yazma* ist auch aus Baumwolle und die Ränder sind mit Schmücken bestickt. Beide Tücher sind vielfarbig.

[36] Sieben Große Dichter (*Yedi Ulu Ozan*): Aleviten ehren diese Dichter als Gelehrte und Träger, die die Grundlagen ihres Glaubens in ihren Gedichten zum Ausdruck brachten.

[37] Siehe S. 129

[38] *zahir*: äußere Bedeutung, wortwörtliche Übertragung und oberflächlicher Sinn

[39] *batin/ batiniya*: inneres, verborgenes; Heilige Schriften insbesondere Äußerungen über Welt, Menschen, Namen, Gebete, Gebote und Verbote beziehen sich mit Symbolen und Andeutungen auf einen nicht offensichtlichen Gehalt, der den gereiften Menschen zugänglich ist.

[40] *Veli*: Helfer, Beistand, Freund, und Nahestehende; Aliy- yün veli-yullah: der Freund Gottes

[41] Siehe Info Heiliger Ali, S. 123

[42] Schimmel, Annemarie, Yunus Emre, Ausgewählte Gedichte, Önel Verlag, Köln, 1991

[43] Imam bedeutet hier Ehrenbezeichnung für Nachkommen des Heiligen Ali und seiner Frau Fatima, der Prophetentochter. Aus jeder Generation wurde der würdigste Söhne zum Imam ernannt. Ihm allein gestehen Aleviten und Schiiten das Recht zu, die Gläubigen geistig zu führen.

[44] Liebesfeuer: ışkun odı (*aşkın ateşi*): Nach klassisch- mystischer Anschauung ist die irdische Liebe eine Vorbereitung für die himmlische, nur Gott geweihte Liebe; so wird sie daher als *mecazi aşk*, metaphorisch bezeichnet, während die Gottesliebe wie hier *gerçek aşk* wirklich ist.

[45] Programmheft „Bin Yılın Türküsü", AABF, 2000, Köln

[46] *Özkırımlı, Atilla, Alevilik-Bektaşilik, S. 207, cem yayınevi, Istanbul 1993*

[47] *Melikoff, Irene, Uyur idik uyardılar, S. 61, Cem Yayın, Istanbul, 1993)*

[48] *Birdogan, Nejat, Anadolunun gizli kültürü- Alevilik, Hamburg, 1990*

[49] Siehe Cem-Gottesdienst zum Gelöbnismahl, S. 81

[50] *Mehdi* ist der letzte Imam, der von Aleviten als Retter verehrt wird, siehe S. 74

[51] Die Zahl 72 ist hier synonym für „alle" zu verstehen. Sie hat mit der Zahl 72 als islamische Sekten nicht zu tun.

[52] Hier ist eher die Gemeinde der Glaubenden gemeint als die säkulare Gemeinde der multireligiösen Gesellschaft

[53] Weggefährten sind Ehepaare, die in eine Weggemeinschaft eingegangen sind. Siehe Weggemeinschaft S. 63

[54] Siehe Cem-Gottesdienst zur Klärung und Beseitigung von Konflikten, S. 72 und 76

[55] *Ocak*(türk. der Ofen), wird hier als Quelle und Zentrale für die alevitische Gemeinde verstanden. *Ocak* kann man als Familie des geistlichen Trägers übersetzen.

[56] Siehe Info Hacı Bektaş Veli, S. 86–87

[57] *Ali Yaman, Anadolu Aleviliğine Bakış*, Stimme der Aleviten, Nr. 59, 2002).

[58] Ein Beispiel dazu erzählt Peter Scholl-Latour in seinem Buch „Allahs Schatten über Atatürk", S. 309 wie folgt: „… Der Großmutter, der „ana", begegnen diese einfachen Menschen mit Ehrfurcht. Sie gilt hier offenbar als Herrin oder Priesterin. Den armen Schluckern wendet sie sich wohlwollend und mütterlich zu, schließt sie schützend in die Arme. Die Frauen, nicht die Männer, geben in Kayacık den Ton an…"

[59] Im Buch *Buyruk* heißt es: „Der Schüler (*talip*) bestimmt seinen Geistliche (pir) selbst. Der Geistliche soll ein Vorbild für seine Schüler sein und sich ständig bilden." *Buyruk*, Fuat Bozkurt, Istanbul 1982, S. 23

[60] auch siehe *Cem*- Gottesdienst zur Weggemeinschaft, S.

[61] Siehe *Cem*- Gottesdienst zur Weggemeinschaft, S. 71

[62] Zur Zeit sind dem Verfasser drei solchen Patenschaften bekannt, die zwischen den alevitischen Gemeinden in Deutschland und in der Türkei vereinbart worden sind.

[63] Die Liturgie ist hier in dem Sinne verwendet, dass ein Teil des Gottesdienstes (*miraçlama* und *semah*) nach einer festgelegten Form abgehalten wird.

[64] Aleviten beten auch individuell und in der Familie. Da die Einhaltung des Wertesystems „Vier Tore und Vierzig Stufen" als Gebet gilt, halten Aleviten das individuelle Gebet jederzeit.

[65] Wießner, Gernot, Das Alevitentum: Ein Beispiel für religiös-soziale Opposition und religiöses Überleben, in: Stimme der Aleviten, Nr. 2, Mai 1995, Hrsg.: AABF

[66] Über die Namen von Vierzig Heiligen gibt es keine einheitliche Auflistung. Hier geht es nicht um eine äußerliche (zahiri) Zusammenkunft, sondern viel mehr um eine verborgene (batini) Zusammenkunft unter den Seelen von Heiligen. In den

alevitischen Gebeten und Gedichten werden auf jedem Fall *Muhammet, Ali, Fatma, Hasan, Hüseyin, Salman-i Farisi, Hasan-ı Basri* und *Kamber* erwähnt. Darüberhinaus gibt es Namen von Engeln und Propheten, die in diesem Zusammenhang erwähnt werden, z. B. *İsrafil, Mikail, Cebrail* sowie *Hızır* und *Süleyman. Aleviten nehmen an, dass auch die 17 Gegürteten(kemerbest) von Ali zu den Vierzig Heiligen angehören.*

[67] Bozkurt, F. Mehmet, Das Gebot, S. 17–20

[68] Diese Ausführung wurde teilweise dem Buch „*Cem İbadeti*" von Mehmet Yaman in türkischer Sprache entnommen. Quelle: Aleviten Kultur Zentrum e.V. Pforzheim, http:\mitglied.lycos.de/pforzheimakm

[69] *dâr*: Galgen; Hallac-ı Mansur war ein berühmter Mystiker in Bagdad. Er wurde im Jahre 922 wegen seiner Äußerung „*en-el Hak*" (ich bin die Wahrheit) durch ein islamisches Gericht zum Tode verurteilt und gehängt. Er gilt als einer der Gründer alevitischer Glaubenslehre. Die Aleviten nennen aus Verehrung für al Hallac die Haltung vor einem Tribunal im Gottesdienst als „*dar-ı Mansur*".

[70] Teilweise dem Beitrag von İsmail Elçioglu entnommen. Quelle: Zeitschrift *Ehlibeyt*, Schiller Str. 16, Rödermark

[71] Bozkurt, F. Mehmet, Das Gebot, S. 51

[72] Schah: Der Name Schah steht hier für einen Ehrennamen Gottes (*Bismişah*). Aleviten benutzen den Namen Schah auch für den Heiligen Ali (*Şah-ı Merdan*) oder auch für Schah Ismail (*Şah Hatayi*).

[73] Insbesondere werden folgende Tatbestände als strafbar hervorgehoben: das Töten eines Menschen, das gewaltige Vergehen gegenüber eines Menschen z. B. Vergewaltigung, Gemeinschaftsverrat und absichtliche Rechtswidersetzung, die die Gemeinde schaden könnte.

[74] „Am Galgen" bedeutet hier symbolisch die Körperhaltung während der Rechenschaft.

[75] Ausführliche Informationen über *Hızır*, S. 187

[76] duvaz-ı imam: Klagelieder zum Andenken an 12 Imame

[77] Info über *Ali*, S. 123

[78] Info über *Hüseyin*, S. 119

[79] *Aşık*: siehe Glossar, S. 117

[80] Siehe S. 65–67

[81] Vierzehn Unschuldigen: So nennen die Aleviten jene 14 Kinder der 12 Imame, die im Alter von 7 Jahren oder jünger waren von Omaiyaden ermordet wurden

[82] Siebzehn Gegürteten: Die Weggefährten, die der Heilige Ali bei verschiedenen Angelegenheiten beistanden und von ihm symbolisch gegürtet worden sind. Siehe *Buyruk* (Das Gebot), S. 135

[83] *Hünkar* (persisch): bedeutet heilig bzw. gottähnlich. Aleviten geben Bektas Veli auch diese Eigenschaft.

[84] Bozkurt, F. Mehmet, das Gebot, S. 116

[85] Kaplan, Ismail, Ergebnisse einer Umfrage, Stimme der Aleviten, Nr. 45, Seiten 26–30

[86] *Hz.*: Abkürzung für *Hazreti*, bedeutet heilig. Siehe zum Andacht an Karbalamassaker, S. 80

[87] Siehe Info, Pir Sultan Abdal, S. 136

[88] Ein Teil der sunnitischen Muslime begründen z. B. den Kopftuchzwang der Frauen bzw. Verhüllung dadurch, dass die Provokation der Männer durch das erotische Aussehen der Frau vorbeugen wird. In der Regel tragen alevitische Frauen kein Kopftuch.

[89] Vgl. *Birdoğan, Nejat, Anadolunun Gizli Kültürü: Alevilik,* Alevitisches Kulturzentrum Hamburg, Juni 1990, S. 383

[90] Laut einer Befragung in Hamburg wollen 77% von 233 befragten Personen, dass ihren Kindern in den Schulen die alevitische Lehre vermittelt wird. Sökefeld, Martin, Alevitische Vereine in Hamburg und Umgebung, in: Stimme der Aleviten, Nr. 68, Oktober 2003

[91] Ebenda.

[92] Info Hz. *Ali*, S. 123

[93] Siehe Opfer im Alevitentum, S. 80

[94] Siehe auch *Cem*-Gottesdienst zum Gelöbnismahl, S. 72

[95] Siehe Info *Hacı Bektaş Veli*, S. 127.

[96] Siehe auch: Gülçiçek A.D., Der Weg der Aleviten, Ethnographia Anatolica Verlag in Köln, 1994)

[97] 72 ist eine Zahl mit einer besonderen Bedeutung in der Mystik.

[98] Koran / Sure 5 / Der Tisch / Vers 114

[99] Koran / Sure 76 / Der Mensch / Vers 8–9

[100] Aus dem Programm der Föderation der Aleviten-Gemeinden in Europa (AABF) e.V. (31. Mai 1998), S. 2

Aussprache türkischer Buchstaben

Buchstaben	Aussprache	Beispiel
c	Stimmhaftes „dsch"	Cafer „Dschaffer"
ç	„tsch"	çelebi „tschelebi"
ğ	Dehnung des vorausgegangenen Vokals	bağlama „baalama"
ı	dumpfes „i"	Kurbancı „kurbance"
s	wie „C" in Cesar	semah „zemah"
ş	Stimmhaftes „s"	Şeriat „Şcheriat"
z	wie „s" zwischen zwei Vokalen	Rıza „resa" oder zakir „sakir"